Martin Lendi

Der Grundkonsens als Phänomen staatlicher Gemeinschaft

Bibliografische Information der Deutschen Nationalbibliothek
Die Deutsche Nationalbibliothek verzeichnet diese Publikation in der
Deutschen Nationalbibliografie; detaillierte bibliografische Daten
sind im Internet über http://dnb.dnb.de abrufbar.

ISBN 978-3-7281-4101-9

www.vdf.ethz.ch
verlag@vdf.ethz.ch

© 2022, vdf Hochschulverlag AG an der ETH Zürich

Das Werk einschliesslich aller seiner Teile ist urheberrechtlich geschützt. Jede Verwertung ausserhalb der engen Grenzen des Urheberrechtsgesetzes ist ohne Zustimmung des Verlages unzulässig und strafbar. Das gilt besonders für Vervielfältigungen, Übersetzungen, Mikroverfilmungen und die Einspeicherung und Verarbeitung in elektronischen Systemen.

FRIEDRICH SCHILLER, Wilhelm Tell (Aufzug II, Szene 2)
als Beispiele für
a) einen Gesellschaftsvertrag und
b) einen politischen Grundkonsens (Rütlischwur)

«Wir wollen sein ein einzig Volk von Brüdern,
in keiner Not uns trennen und Gefahr.»

«Wir wollen frei sein wie die Väter waren,
eher den Tod als in der Knechtschaft leben.
Wir wollen trauen auf den höchsten Gott
Und uns nicht fürchten vor der Menschen Macht.»

Art. 16 BV   Meinungs- und Informationsfreiheit[1]

«Die Meinungs- und Informationsfreiheit ist gewährleistet.

Jede Person hat das Recht, ihre Meinung frei zu bilden und sie ungehindert zu äussern.

Jede Person hat das Recht, Informationen frei zu empfangen, aus allgemein zugänglichen Quellen zu beschaffen und zu verbreiten.»

Art. 33 BV   Petitionsrecht

«Jede Person hat das Recht, Petitionen an Behörden zu richten: es dürfen ihr daraus keine Nachteile erwachsen.

Die Behörden haben von Petitionen Kenntnis zu nehmen.»

---

[1] Die Meinungs- und Informationsfreiheit steht hier für die Grundrechte mit Einschluss der politischen Rechte. Die Abkürzung BV steht für Bundesverfassung der Schweizerischen Eidgenossenschaft vom 18. April 1999, in Kraft seit 1. Januar 2000, Nachfolgerin der Verfassungen von 1848 und 1874. Vgl. dazu auch Art. 19 Allgemeine Erklärung der Menschenrechte vom 10. Dezember 1948 der UNO.

Art. 34 BV   Politische Rechte

«Die politischen Rechte sind gewährleistet.

Die Garantie der politischen Rechte schützt die freie Willensbildung und die unverfälschte Stimmabgabe.»

Art. 39 BV   Ausübung der politischen Rechte

Abs. 1 «Der Bund regelt die Ausübung der politischen Rechte in eidgenössischen, die Kantone regeln sie in kantonalen und kommunalen Angelegenheiten.»

Art. 192 BV   Grundsatz

Abs. 1 «Die Bundesverfassung kann jederzeit ganz oder teilweise revidiert werden.»

Vorwort

Ob ein Staat eines Grundkonsenses bedürfe, wird in dieser allgemeinen Form kaum gestellt. Und ob hinter der Demokratie und hinter dem Rechtsstaat gar ein Grundkonsens – aus Gründen der Legitimation oder aus tiefer begründeten echten politischen Anstrengungen – stehen müsse, wird bisweilen aufgeworfen, wenn auch selten genug treffend beantwortet. Vor allem ist unklar, welche rechtliche Bedeutung dem Grundkonsens zugemessen werden soll. Ob er überhaupt als rechtliches Instrument verstanden werden kann, bleibt weitgehend unbeantwortet. Die vielen offenen Fragen lassen auch von dieser Studie kaum Klärungen erwarten. Es bleibt bei einer hoffentlich erwägenswerten Antwort. Dennoch muss das «Phänomen Grundkonsens» angesprochen und diskutiert werden, mindestens im Kontext der Politik.

Nicht die Frage beschäftigt mich, in welchen gesellschaftsrelevanten Bereichen ein Grundkonsens als erforderlich erachtet werden kann. Es geht hier einzig um die politischen und rechtserheblichen Dimensionen. Anstoss ist die Tatsache, dass sich die Staats- und Rechtslehre mit sinnverwandten Phänomenen befasst und zu mindestens zwei Fragen äussert:

a) Geht dem Rechtserlass so etwas wie ein Grundkonsens voraus, der auf der Basis von Demokratie, Rechtsstaat und nationalem Zusammenhalt zum Rechtserlass ermächtigt?

b) Bedarf das anhaltende Bestehen einer staatlichen Gemeinschaft eines Grundkonsenses, der die verbleibenden rechtspolitischen Spannungsverhältnisse ausgleichen hilft?

Ob der Grundkonsens als Basiskonsens oder als übergreifender Konsens angesprochen wird, ist nicht entscheidend. Massgebend ist, dass es neben dem demokratischen Streben nach Konsens jenen Konsens gibt, der den verbleibenden Dissens als weiterführende Chance für Konsensgewinne deutet. Der Konsens muss also friedlich mit dem Dissens umgehen, wie auch der Dissens den Mehrheitskonsens hinzunehmen hat – im Rahmen der Verfassung einer offenen Gesellschaft mit faktisch unterschiedlichen politisch-sachlichen Vorstellungen. Die Kohärenz der staatlichen Gemeinschaft auf der Basis von Übereinstimmungen darf jedenfalls nicht beschädigt werden.

Die heikelsten Sonderfragen rund um den Grundkonsens sind deren zwei, nämlich jene nach der Rechtsqualität des Grundkonsenses und jene, ob sich die rechtsanwendenden Organe, insbesondere die Rechtsprechung, von sich aus auf den Grundkonsens berufen dürfen, auch wenn dieser in der Verfassungsurkunde nicht erwähnt wird. Beide verdienen Aufmerksamkeit. Die Politikwissenschaft dürfte in ihren Stellungnahmen offener sein, die Rechtswissenschaft könnte sich zurückhaltender äussern, eröffnet aber mindestens dem Verfassungsgesetzgeber den Zugriff auf den Grundkonsens.

Ich bedanke mich bei den Erstlesern meiner werdenden Studie für ihre kritischen Bemerkungen. Es ist eine bleibende Freude, dass der wissenschaftliche Meinungsaustausch lebt.

Martin Lendi

Küsnacht, Ende November 2021

Inhaltsverzeichnis

Vorwort 5
I. Der politische Grundkonsens in seiner Zutrittsrelevanz 9
II. Verwandte Begriffe 14
III. Vorweggenommene These 21
IV. Die Verfassung als rechtsverbindliche Grundlage 27
V. Die Legitimität ersetzt die Rechtmässigkeit nicht, stärkt sie aber 36
VI. Lässt sich ein «vorausgesetzter» Grundkonsens aus der geltenden Verfassung rechtsverbindlich herleiten? 41
VII. Der Grundkonsens als «extrakonstitutionelles politisches Phänomen» – zugunsten der Verfassung, der Rechtsordnung und der staatlichen Gemeinschaft 50
VIII. Gedankenskizze zum politischen Grundkonsens – eine Annäherung 58
    1. Das Grundkonsens-Element der Demokratie 58
    2. Das Grundkonsens-Element des Rechtsstaates 62
    3. Das Grundkonsens-Element der Kohäsion. 64
IX. Die Realität von Konsens, Dissens und Grundkonsens 69
X. Das ethisch-politische Ringen um den Grundkonsens 72
XI. Der Grundkonsens in Staaten mit Vorbehalten zu Demokratie und Rechtsstaat sowie bei konservativen Grundeinstellungen.................................... 79
    1. Staaten mit Vorbehalten. 80
    2. Staaten mit konservativen Grundhaltungen............ 84
XII. Der Grundkonsens bedingt Meinungsfreiheit.............. 88
XIII. Erkenntnisgewinn 92
Zum Autor.. 97

I. Der politische Grundkonsens in seiner Zutrittsrelevanz

In der Literatur zur Rechtsphilosophie, zur Rechtspsychologie, Rechtssoziologie, zur allgemeinen Staats- und Staatsrechtslehre und zum Politikgeschehen ist an einigen, insgesamt eher seltenen Stellen – direkt oder indirekt – von einem *Grundkonsens* die Rede.[2]

Dieser berührt die allgemeine Kernfrage, ob sich Menschen auf gemeinsame Grundsätze einigen können, die es ihnen ermöglichen, unter erschwerten Bedingungen das gemeinsame Zusammenleben in Staat und/oder Gesellschaft zu begünstigen wie auch die entsprechenden «Ordnungen der Zielverfolgung und der Konfliktbewältigung» zu erlassen und zu legitimieren. Vor allem aber, ob die Menschen auf der Basis des Grundkonsenses fähig werden, anstehende Probleme zu tragen, die nicht oder kaum zu bewältigen sind.

Fragen darf man sich, ob das, was der Grundkonsens aus sich heraus an Substanz einbringt, so bedeutungsvoll ist, wie die Wortwahl und der angepeilte Begriff vermuten lassen: der politische Grundkonsens als Vorgabe für den Staat, die staatliche Gemeinschaft auf der Basis der Demokratie, des Rechtsstaates und der staatlichen Gemeinschaft. Und umgekehrt, was würde wirklich an Entscheidendem fehlen, wenn

---

2 Neben dem Wort Grundkonsens kommen Begriffe wie «Basiskonsens» und «minimaler Grundkonsens» vor. Das Begriffspaar Konsens – Dissens spielt sodann im Vertragsrecht eine nicht unerhebliche Rolle. Wenn aber von Grundkonsens die Rede ist, dann wird der Bereich des Staats- und Verfassungsrechts bemüht. Dies trifft auch für den hiesigen Beitrag zu, wobei aber im Hintergrund das Mehrheitsprinzip auftaucht, das keine hundertprozentige Zustimmung bedingt, sondern eine mehrheitliche. Nach allgemeinem Sprachgebrauch: Der Grundkonsens in einem allgemeinen, nicht spezifischen Sinn setzt Übereinstimmung unter allen Beteiligten in essenziellen Punkten voraus, wobei Divergenzen beiläufig akzeptiert werden, wenn diese die substanzielle Überstimmung nicht belasten. Der minimale Grundkonsens beschränkt sich auf das Elementare, Grundsätzliche und Unabdingbare und nimmt den Dissens in den verbleibenden Punkten hin. Der Basiskonsens fragt sich in der Regel, was einem Grundkonsens genügen muss, wenn ein definierter Meinungspluralismus vorbehalten wird. Es geht in der Regel um die unbestrittenen Werte. In dieser Abhandlung wird der Begriff des Grundkonsenses in einem spezifischen allgemeinen Sinne gebraucht, der auf Übereinstimmung in staatspolitischen Grundsatzfragen zielt: a) beim Träger des Grundkonsenses und b) beim Adressaten desselben.

der Grundkonsens fehlen, wenn dieser keine Rolle spielen würde. Allein schon die geringe Häufigkeit des Erwähnens des Grundkonsenses schürt gewisse Zweifel an seiner staatsrechtlichen wie staatspolitischen Relevanz. Und doch ist er präsent, an einzelnen Stellen sogar ausholend, zum Beispiel als Problemstellung in der Lehre von der Ethik, die einen gemeinsamen Nenner anpeilt. Vorweg überall dort, wo Unbestimmtes vorherrscht und dennoch eine Grundbestimmtheit und Übereinstimmung wünschenswert oder gar erforderlich scheint.[3]

Dies gilt insbesondere für die Politik und das Recht, die aus diversen Geisteshaltungen und -strömungen sowie aus konkret werdenden Interessenlagen heraus auf ein gemeinschaftliches Miteinander unter Zugrundelegung einer verbindlichen Ordnung zielen, ohne alle Divergenzen und Differenzen in den Griff zu bekommen. Sie verlangen deshalb nach einer vorausgesetzten und/oder anhaltenden Übereinstimmung, verbleibende Unzulänglichkeiten bis und mit sozialen Ungleichheiten und offenkundigen Ungerechtigkeiten mit Blick auf das Bewahren der Rechtsidee zu ertragen. Allein schon deshalb unumgänglich, weil die dem Menschen in ihrer Würde zuerkannte Freiheit vom Staat und zwischen den Menschen sich nicht verleiten lassen darf, eine durchorganisierte, drittbestimmte Vollkommenheit zu realisieren, welche die Freiheit zerstören würde, indem sie Gleichheit und Gerechtigkeit verabsolutiert.

Neben dem hier angesprochenen politischen-rechtlichen Grundkonsens ist eine Vielzahl gesellschaftlicher, ökonomischer, umweltseitiger, ethischer Grundkonsense denkbar. Gemeinsam ist diesem Wort- und Begriffsgebrauch der Umstand, dass neben einer Meinungsvielfalt mit Konsens- und Dissenserscheinungen eine gemeinsame Grundüberzeugung unumgänglich ist, um eine gemeinschaftsfördernde Basis zu finden und zu erhalten. Einleuchtend ist dieser Grundkonsens, wie angedeutet, im Bereich der Ethiken, vor allem dort, wo das gemeinsame

---

3   In dem hier angesprochenen Sinne müsste man aus der Warte der Rechtswissenschaft, die ihrerseits vom Grundkonsens handelt, von einem Grundkonsens im weiteren, allgemeinen Sinne sprechen.

Band einer globalen Ethik geknüpft werden soll.[4] Ein solcher könnte zudem helfen, Elemente einer weltweit gemeinsamen Rechtsethik – mit der Freiheit als angeborenem Recht in der Mitte – aufzuspüren, die das Schaffen einer zurückhaltenden Weltordnung erlauben würde mit den Akzenten auf Frieden und Sicherheit unter Wahrung der Vielfalt unterschiedlicher Kulturen sowie politischen Vorstellungen zur sozialen Gerechtigkeit, die national aufleuchten mögen, während Frieden und Sicherheit global unabdingbar sind.

Diese Hinweise, noch abstrakt angedacht, signalisieren mindestens einen gewissen Sinn, der Frage nach dem Grundkonsens nachzugehen und darauf reflektierend einzutreten, denn es scheint ein Bedürfnis zu bestehen, in menschlichen Zusammenschlüssen nicht nur nach dem unmittelbaren Zweck zu fragen, sondern auch die Frage aufzunehmen, ob sich die beteiligten Menschen neben der Zwecksprache um einen Grundkonsens bemühen müssen, der den Zusammenhalt fördert und hilft, verbleibende Divergenzen auszuhalten und mit Blick auf den Bestand lebensbedeutsamer Organisationen in die Zukunft hinein aufrechtzuerhalten. Dies mag sich ergeben in einem privatrechtlichen Verein, in einer einfachen Gesellschaft oder sogar in einer juristischen Person des Wirtschaftsrechts, in öffentlich-rechtlichen Korporationen oder gar in einer staatlichen Gemeinschaft im Sinne einer Gebietskörperschaft – verstanden als Gemeinschaft von Menschen, angesprochen als Volk, als historisch definiertem Gebiet – und als eingesetzte Organisation, die legitimiert hoheitliche Funktionen im öffentlichen Interesse versieht. Denkbar vorgeprägt durch einen Grundkonsens.

Nicht die Rechtsqualifikation des sogenannten Grundkonsenses steht als Frage im Vordergrund unserer Überlegungen, sondern ob das Menschenbild in der staatlichen Gemeinschaft den Anforderungen genügt, sich aus einem tiefen Grund um eine minimale und doch zentrale Einigkeit zu scharen, die als Grundkonsens im strengen Sinne des Wor-

---

4   *Küng Hans*, Weltethos für Weltpolitik und Weltwirtschaft, München 1992, S. 130 ff. Dieser Autor spricht dort nicht von einem Grundkonsens, behandelt aber einen Weltethos, das international basiert ist. Der Begriff des Grundkonsenses findet sich bei *idem*, Projekt Weltethos, 4. A., München 1990, S. 48 f., bezogen auf die Demokratie.

tes verstanden werden könnte. Gibt es gar ein historisches Vorbild? Ein einleuchtendes?[5] Siehe dazu neben der dichterischen Schilderung des Rütlischwurs den Bundesbrief von anfangs August 1291.[6] Also Ja. Von denen wir aber nicht deutlich genug ableiten können, ob es zu jener Zeit realiter einen Grundkonsens gegeben hat oder als Defizit nicht gegeben haben könnte. Ob er aktuell vorkommt, auch wenn er konkret werdend sich nicht nachweisen lässt, oder ob er einzufordern wäre? Fragen über Fragen. Zusätzlich wird zu klären sein: Wie würde sich der als geboten erachtete Grundkonsens bilden, durch wen würde er formiert, was ist sein möglicher Kerninhalt und wie kommt er mit seinen Geltungsansprüchen politisch oder rechtlich zur Geltung? Just dieser Fragen und der erhofften Antworten wegen ist es angezeigt, die Einigkeit als Grundkonsens hin zur staatlichen Gemeinschaft und zu deren Erhaltung aufzuspüren, sie nötigenfalls einzufordern. Am ehesten dort, wo Menschen sich zusammenfinden und sich öffentlich organisieren – hin zur staatlichen Gemeinschaft.[7]

---

5   Der Rütlischwur – nach Friedrich Schillers Drama «Wilhelm Tell» lautet: «Wir wollen frei sein, wie die Väter waren, eher den Tod, als in der Knechtschaft leben. Wir wollen trauen auf den höchsten Gott und uns nicht fürchten vor der Macht der Menschen.» Es ist ein dichterisches Wort, aber es könnte sinnbildlich als Grundkonsens, ausgedrückt für die allgemeine Grundhaltung, verstanden werden. (Wilhelm Tell, II. Aufzug, 2. Szene). Aus der Sicht des Historikers *Bergier Jean François*, Wilhelm Tell, Realität und Mythos, München/Leipzig 1988, der sich mit der Quelle der Tschudi-Chronik auseinandersetzt. Spannend an der Darstellung Schillers ist, wie sehr er die Grundsatzfragen der Staatsgründung auf der Basis eines Geistes- und Gesellschaftshaltung, des individuellen und kollektiven Widerstandsrechts und des Tyrannenmordes, dem Kaisermord, beleuchtet und wie sehr ihm bewusst wird, dass dem Grundkonsens – er verwendet diesen Begriff nicht – historische Wurzeln und Existenzielles beigemischt sein können: «Wir wollen sein ein einzig Volk von Brüdern. In keiner Not uns trennen und Gefahr» (a.a.O.). Insofern berührt Schiller im Geist der Aufklärung die damals involvierten Fragen wie jene nach dem contrat social und der revolutionären Staats- und Gemeinschaftsgründung in Kohärenz.

6   Liegt im Bundesarchiv in Schwyz vor. Siehe dazu *Im Hof Ulrich*, Vom Bundesbrief zur Bundesverfassung, Rorschach 1948.

7   Es ist nicht die Aufgabe dieses auf den Grundkonsens konzentrierten Textes, differenzierte Hinweise auf den Staat auszubreiten. Siehe dazu vor allem *Jellinek Georg*, Allgemeine Staatslehre, 3. A., 5. Neudruck, Bad Homburg 1966, S. 383 ff. (Staatsgebiet, Staatsvolk, Staatsgewalt). Und andere Titel mehr im gleichen Werk. Für die neuere Zeit siehe *Haller Walter, Kölz Alfred, Gächter Thomas*, Allgemeines Staatsrecht, 6. A., Zürich/Basel/Genf 2020. Dieses umfassende Werk wagt sich aufgrund gewählter Grundsatzthemen an eine breite Sicht heran.

Selbstredend ist der Grundkonsens, so es ihn gibt oder geben müsste, rechtlich einzuordnen und zu beschreiben. Auf den Stufen der Verfassung und der Gesetze. Doch ist dies eine Folgeüberlegung, wenn die Vorfragen nach seinen Funktionen, seiner Herkunft und seiner Wirkung geklärt sind. Vorweg muss davon gehandelt werden, wer für ihn in all seinen Lebens- und Entfaltungsphasen verantwortlich zeichnet. Ihn nur als Rechtsereignis, als Institution, als politisches Phänomen oder gar als Rechtsaussage der Stufen von Verfassung, Gesetz usw. festzustellen, genügt nicht. Seine politische Bedeutung ist parallel zu erörtern. Nicht beiläufig, vielmehr in seiner Funktion für Politik und Recht.

II. Verwandte Begriffe

Der Staat, auch wenn er mit einem Phänomen wie dem Grundkonsens in Zusammenhang gebracht wird, ist als Abstraktum nicht ohne Weiteres definierbar. Er hat aber etwas zu tun mit Herrschaftsgewalt und Recht, ferner nimmt er Bezug auf ein Gebiet und erachtet die ansässige Bevölkerung als einen Zusammenschluss von Menschen. Der Staat erscheint allenthalben in konkreten Ausprägungen aufgrund gewählter Staatsformen und Staatszwecke. Insbesondere hebt er – im Rahmen des Völkerrechts – seine Unabhängigkeit, seine Souveränität hervor.[8] In rechtswissenschaftlicher Hinsicht steht die konkret erlassene, den Staat konstituierende Verfassung im Vordergrund. Die politikwissenschaftliche Sicht widmet sich vor allen den Vorgaben und Prozessen als empirische Befunde.[9]

In der rechtsrelevanten, staatspolitischen und staatsrechtlichen Literatur kommen neben dem Begriff des Grundkonsenses verwandte Begriffe vor: «contrat social» (Vereinbarungen), «hypothetische Grundnorm», «Grundnorm», «Gerechtigkeit», «Gemeinwohl», «Verantwortung», «Fairness» usw.[10] Sie sind nicht leicht voneinander zu unterscheiden. Teils

---

8   Zum Begriff des Staates siehe *Haller Walter, Kölz Alfred, Gächter Thomas*, Allgemeines Staatsrecht, a.a.O., S. 3 ff., insbesondere S. 10 ff.
9   Zu den verschiedenen Theorien der Staatslehre siehe vor allem *Jellinek Georg*, Allgemeine Staatslehre, 3. A., Bad Homburg/Berlin/Zürich 1966, S. 184 ff. (1. A., Heidelberg 1900).
10 Eine kritische Auseinandersetzung mit der Begrifflichkeit des Grundkonsenses findet sich bei *Haller Walter, Kölz Alfred, Gächter Thomas*, Allgemeines Staatsrecht, a.a.O., S. 75 ff. unter dem Titel der «Prinzipien und Voraussetzungen der Demokratie», konkreter unter den Titeln «Wertetoleranz und Mässigung» sowie «Mehrheitsprinzip». Unmittelbar Bezug genommen wird insbesondere auf Hans Kelsen, Jörg Paul Müller (ausgeprägter in der 5. A.), Dietrich Schindler (d. Ä.). Der Grundkonsens (Basiskonsens) erscheint dabei als eine denkbare Variante der diversen Verantwortungselemente im Umfeld der Demokratie. Nicht erwähnt wird der Grundkonsens bei *Fleiner-Gerster Thomas*, Allgemeine Staatslehre, Berlin/Heidelberg 1980 (3. A., 2012), obwohl er sich mit dem Menschenbild und den Grundrechten als Voraussetzung der staatlichen Gemeinschaft befasst. Auch in der Botschaft des Bundesrates über eine neue Bundesverfassung vom 20. November 1996 wird nicht auf einen Grundkonsens Bezug genommen (rund um S. 102 ff. der Separatausgabe). Umgekehrt: Der Verfassungsentwurf von 1995 wurde veröffentlicht und es fand eine erweiterte Vernehmlassung statt im Sinne der Ausdehnung auf eine Volksdiskussion, die im Februar 1996 abgeschlossen und ausgewertet wurde. Insofern hat sich der Bundesrat bemüht, «dem Volk den Puls zu fühlen». Die Volksabstimmung mit Volks- und Ständemehr fand am 18. April 1999 statt. Summa summarum:

sind sie eher formeller, teils materieller Art, teils sind sie mit Verfahrensaspekten verbunden, teils greifen sie auf naturrechtliche Kernanliegen zurück. Aus rechtswissenschaftlicher Sicht liegt es nahe, sich auf jene zu konzentrieren, die mit dem Recht unmittelbar oder mittelbar verbunden werden. Im Vordergrund stehen «vorausgesetzte Vereinbarungen», «hypothetische Ursprungsnorm», «materielle Grundanforderungen» wie Verantwortung, Fairness usw. und «naturrechtliche Kernanliegen» wie Gemeinwohl, Gerechtigkeit, Wahrhaftigkeit, menschliche Würde.[11]

Wir versuchen nun, die zuletzt genannten Kategorien in etwa zu erfassen und sie in einem ersten Bestreben vom politischen, rechtspolitischen Grundkonsens zu unterscheiden:

— Nicht zu verwechseln ist der politik- und rechtsbezogene Grundkonsens mit einer staatsrechtlich vorausgesetzten Vereinbarung, beispielsweise dem contrat social nach J. J. Rousseau,[12] einer Eidgenossenschaft (vgl. Bundesverfassung der Schweizerischen Eidgenossenschaft), im Sinne einer Vereinbarung mit Blick auf die Staatsgründung respektive den Erlass einer Verfassung, mit dem Ziel, eine hohe Übereinstimmung zu erzielen, die auch die weiteren Schritte der sich folgenden Revisionen oder Ergänzungen in die ungewisse Zukunft mittragen soll. Bei dieser Aussage handelt es sich also um erklärende *Annahmen mit Rechtsverbindlichkeit und/oder verpflichtendem Symbolcharakter der Einmütigkeit*, aufgrund derer die Rechtmässigkeit, auf alle Fälle die Legitimität,

---

Es wurde nicht mit einem hypothetischen Grundkonsens argumentiert, im Gegenteil: Das Volk wurde angehört und es hatte das entscheidende Wort. Eine der klügsten Darstellungen, wie die Schweiz funktioniert, stammt von *Aubert Jean-François*, So funktioniert die Schweiz, dargestellt anhand einiger Beispiele, Muri 1980. Auf unser Thema bezogen: Die Theorie kommt ohne überhöhten Begriff des Grundkonsenses aus, weil sie ihn dem demokratischen Prozess zuordnet.

11 Zum Gemeinwohl siehe *Bonvin Jean Michel, Kohler Georg, Sitter-Liver Beat (Hrsg.)*, Gemeinwohl – Bien commun, ein kritisches Plädoyer, Fribourg 2004. Zur Gerechtigkeit: *Brunner Emil*, Gerechtigkeit, Zürich 1943, sowie *Rawls John*, Eine Theorie der Gerechtigkeit, Frankfurt am Main 1979 (erste Ausgabe in englischer Sprache 1971). Betreffend Wahrheit sei verwiesen auf das Sammelwerk von *Riklin Alois (Hrsg. und Autor)*, Wahrhaftigkeit in Politik, Recht, Wirtschaft und Medien, Göttingen 2004. Zum Prinzip Fairness vergleiche *Lenk Hans, Pilz Gunter A.*, Das Prinzip Fairness, Zürich/Osnabrück 1989.

12 *Rousseau Jean-Jacques*, Du contrat social ou principes du droit politique, 1762; siehe auch die deutschsprachigen Übersetzungen in Vielzahl.

einer Staatsgründung respektive des Erlasses einer ersten Verfassung als Staatsgründungsakt gerechtfertigt werden sollen.

— Die *Grundnorm* – im Sinne der «reinen Rechtslehre» von Hans Kelsen – steht einzig für die Normativität und Geltung des Rechts respektive der Verfassung. Sie ist hypothetischer Art.[13] Diese Grundnorm hat nichts mit einem politischen, rechtspolitischen relevanten Grundkonsens zu tun, der auf die Rechtsetzung einwirkt.

— Von einer *materiellen Grundnorm* wird hingegen dort gesprochen, wo gleichsam zentrale Wertansprüche an das Recht wie auch an die Rechtsordnung gerichtet werden, beispielsweise Gerechtigkeit[14], Würde des Menschen[15] oder die Rechtsidee als solche ausgedrückt in den Werten «Frieden, Freiheit, Gerechtigkeit».[16] Auch hier geht es nicht um einen willentlichen Konsens der Bürgerinnen und Bürger, der auf die Rechtsetzung einwirkt, auch wenn dieser seinerseits auf Werte Bezug nehmen könnte, aber eben konsensbezogen und nicht per se.

— Werden *Werte* jenseits des Rechts übergeordnet verankert, so erreichen sie einen *naturrechtlichen Stellenwert,* der dem Recht vorausgeht und dieses bestimmend prägt – unabhängig von Konsensträgerinnen und Konsensträgern. Überdeutlich kann dies für die Gerechtigkeit, die Freiheit, die Würde der Menschen usw. der Fall sein. Die Verortung erfolgt eben in einem anderen Bereich als im konsensorientierten Willen der Bürgerinnen und Bürger.[17]

---

13   *Kelsen Hans,* Reine Rechtslehre, Wien 1934, S. 66: «Die Reine Rechtslehre operiert mit dieser Grundnorm als einer hypothetischen Grundlage. Unter der Voraussetzung, dass sie gilt, gilt auch die Rechtsordnung, die auf ihr beruht.»
14   Die Worte Recht und Gerechtigkeit ergänzen sich zu einer Einheit aus einer Wurzel, was zur Annahme der unabdingbaren Vernetzung von Recht und Gerechtigkeit führt. Zu Recht? Auf alle Fälle ist die Gerechtigkeit mindestens als Postulat gefordert, so im römischrechtlichen Grundsatz: «Iustitia est constans et perpetua voluntas ius suum cuique tribuendi» (Ulpian, Dig. 1.10).
15   *Mastronardi Philippe,* Menschenwürde als materielle «Grundnorm» des Rechtsstaates, in: Thürer Daniel, Aubert Jean-François, Müller Jörg Paul (Hrsg.), Verfassungsrecht der Schweiz, Zürich 2001, S. 233.
16   *Lendi Martin,* Freude am Recht, Zürich 2019, S. 35 ff.
17   Beispielsweise bei *Brunner Emil,* Gerechtigkeit, Zürich 1943.

— Mit einem rechtsphilosophischen Ansatz ist Jörg Paul Müller (Universität Bern) auf den Begriff und die Funktion des Grundkonsenses eingeschwenkt.[18] Es geht ihm um den Grundkonsens als Bedingung der demokratischen Ordnung, die als solche das «gesellschaftliche Aufeinander Zu- und Eingehen der Bürgerinnen und Bürger» bedingt. In der Formulierung: «Kein Einzelner und kein Typus von Mensch und keine Gruppe ist massgeblicher als andere für das, was Menschlichkeit ausmacht». Die intensive Gedankenentwicklung beeindruckt. Es bleibt aber die Konzentration der Zuordnung des Grundkonsenses auf die Demokratie, was der Thematik der Abhandlung angemessen ist, möglicherweise aber nicht dem Phänomen des Instituts oder Instrumentes des Grundkonsenses als solchem entspricht. Als politischer muss er wohl breiter gedacht werden. Es darf aber erwähnt werden, dass die Kapitelüberschrift lautet: «Grundkonsens und Verfassung».[19]

— Auf die Suche nach einem *Grundkonsens in der Ethik* – und damit auch der Rechtsethik – begab sich Alois Riklin (Universität St. Gallen), unter anderem mit der Herausgabe eines Werkes zur «Wahrhaftigkeit» in Politik, Recht, Wirtschaft und Medien, gleichsam im Sinne eines definierten Grundkonsenses, wie er ihn bereits früher für eine allgemeine Ethik proponiert hatte, so in Nähe zum Theologen Hans Küng in dessen Arbeiten zum Weltethos[20], begleitet von Jörg Paul Müller und weiteren

---

18 *Müller Jörg Paul*, Demokratische Gerechtigkeit, München 1993, S. 20 ff. Es handelt sich um die bedeutendste Abhandlung zum Grundkonsens im Kontext von Demokratie und Gerechtigkeit, verbunden mit der doppelten Aussage, die Demokratie bedürfe eines Grundkonsenses sowie gelte es, Politik und Recht näher zusammenzuführen, wobei der Begegnung von Grundkonsens und Verfassung hohe Bedeutung zuzumessen sei.
19 *Müller Jörg Paul*, Demokratische Gerechtigkeit, a.a.O., S. 20 ff., fasst sogar zusammen: «Mit der Verfassung teilt der Grundkonsens die Tatsache, dass beide letztlich nicht gesichert sind; bei beiden ist existenziell notwendig, dass die Voraussetzungen ihrer Geltung immer wieder reflektiert und nicht als selbstverständlich oder naturwüchsig verstanden, sondern in ihrer geschichtlichen Aufgegebenheit ernstgenommen werden.» Dem wird zuzustimmen sein. Möglicherweise ist des Grundkonsens gerade deshalb zu postulieren und geltend zu machen.
20 *Küng Hans*, Weltethos für Weltpolitik und Weltwirtschaft, München 1997; siehe auch *idem*, Projekt Weltethos, 1. A., München 1990 (4. A., München 1992).

Autoren.[21] Der *Verantwortung* als Staatsprinzip hat sich Peter Saladin zugewandt und dabei das Engagement der Bürgerinnen und Bürger unterstrichen, insbesondere die Verantwortung als gemeinsames Prinzip des modernen Rechtsstaates und der Demokratie – also nicht unweit der Elemente des Grundkonsenses.[22] Dieser gleichsam verstanden als Ausdruck der Erstverantwortung der Bürgerinnen und Bürger, im weiteren Sinne sogar der Zivilgesellschaft.

— Ebenfalls auf die Suche nach dem Grundkonsens hat sich die *politische Ökonomie*, wie sie in der Schweiz unter anderem von Bruno S. Frey, René L. Frey, Gebhard Kirchgässner und Reiner Eichenberger vertreten wird, begeben. Für sie geht es darum, auf der gesellschaftlichen Ebene, die grundlegenden Regeln zu setzen. Diese betreffen zentral Markt und Demokratie respektive deren Entscheidverfahren.[23]

— In spezifischer Art wird – eher beiläufig – vom *Grundkonsens* in der Regel gesondert gehandelt, wenn es um *reale Akte geht, die aus der Gesellschaft heranwachsen, um dem Gesetzgeber – Verfassungs- und einfacher Gesetzgeber – Kernimpulse anzuregen respektive von ihm einzufordern*, die es diesem erlauben, Akzente zu setzen, die dem innersten Anliegen der Bürgerinnen und Bürger entsprechen oder entsprechen sollten. Also nicht im Sinne von Annahmen oder gar Hypothesen, sondern von tragendem und getragenem Geltendmachen von Kernintentionen aus der Zivilgesellschaft heraus, auf die der Gesetzgeber eintreten sollte, gar müsste.[24] Der Grundkonsens dieser Art wird eher vermutet denn als geformt erachtet.

---

21 *Riklin Alois (Hrsg.)*, Wahrhaftigkeit in Politik, Recht, Wirtschaft und Medien, mit Beiträgen von Jörg P. Müller, Alois Riklin, Peter Studer und Peter Ulrich, Göttingen 2004. Vorausgegangen waren Studien zum möglichen Verlust an nationaler Kohäsion, immer aber den Grundkonsens umkreisend, verstanden als ethischer Grundkonsens oder eben als Festigkeit in der Wahrheit.

22 *Saladin Peter*, Verantwortung als Staatsprinzip, Bern/Stuttgart 1984, S. 112 ff. und S. 180 ff. In philosophischer Hinsicht beachte *Jonas Hans*, Das Prinzip Verantwortung, Frankfurt am Main 1979.

23 *Frey Bruno S., Kirchgässner Gebhard*, Demokratische Wirtschaftspolitik, Reader, Basel 2018.

24 So als Anspielungen im Zusammenhang mit Bürgerbewegungen, der politischen Willensbildung, der Öffentlichkeitsarbeit und des Auslösens spontaner Aufbruch- und Demonstrationsstimmungen – gleichsam als behauptete Legitimationsbegründungen.

Dieser Gedanken eines präzisierenden, abhebenden Unterschiedes zugunsten des Grundkonsenses wird nach den ersten begrifflichen Andeutungen besonders manifest, wenn der Entstehungsort einbezogen wird. Beim Grundkonsens wird erwartet, er bilde sich aktuell in der Zivilgesellschaft der Staatsgemeinschaft, während die erwähnten Vereinbarungen – etwa im Sinne des contrat social – nicht von einem Prozess her angedacht sind, sondern vom einem vorausgesetzten Vereinbarungsakt, eben einem Vertragsschluss respektive einem Rütlischwur auf die Eidgenossenschaft. Zudem ist der reale Grundkonsens in einer staatlichen Gemeinschaft wesensmässig nicht starr. Er kann unter sich verändernden Bedingungen des faktischen, sozialen und des rechtlichen Geschehens mutieren, allein schon deshalb, weil sich die Bedürfnisse der Menschen ändern. Er ist ferner als Teil des Politischen wesensmässig offener als beispielsweise Bekenntnisse der Gesinnungs- oder Glaubensgemeinschaften, weil die Politik auf eine offene Gesellschaft gerichtet ist, die sich in vielfacher Hinsicht bewegt. Der reale Grundkonsens ringt also um das Werden und Bleiben einer staatlichen Gemeinschaft, die sich ihrerseits erneuert – sogar in einer von *Frieden, Freiheit und Gerechtigkeit* geprägten rechtsverbindlichen und dann doch wieder änderbaren Rechtsordnung in der Rechtsgemeinschaft.

Die Unterschiede zwischen den Begriffen scheinen bei nur kurzem Eintreten nicht sehr gross, auch wenn sie ins Elementare reichen. Als Verbindung könnte von einem Grundkonsens im weiteren und engeren Sinne gesprochen werden. Der Erstere erfasst die vorausgesetzte Vereinbarung, welche die Staatsgründung erlaubt hatte, der zweite gilt dem aktuellen Insistieren auf dem Aufrechterhalten gewichtiger Prinzipien. Für die Unterscheidung ist also just die einmalige resp. repetitive Erläuterung gewichtig. Es ist eben nicht dasselbe, wenn dort von vorausgesetzten Annahmen und hier von realem Vorbringen die Rede ist.

Es bleibt aber dabei, dass sich Begriffliches und Funktionales überschneiden und dass Wörter – stellvertretend für verwandte Begriffe – Missverständnisse mehrend im Gebrauch austauschbar sind. Gesucht und erforderlich sind also klare Begriffe mit sinnvoll zugeordneten Wortbezeichnungen, um zu verstehen, was mit dem Grundkonsens, konkret im Bereich der Politik, des Rechts, der Rechtsordnung, der Gesetzgebung gemeint sein könnte. Ich optiere dafür, vom Grundkonsens begrifflich im engeren, politischen, allenfalls rechtlichen Sinne zu handeln und einzig dafür das Wort Grundkonsens zu verwenden – sicherlich in dieser Abhandlung. *Es geht dabei um Grundvorstellungen, um Grundanforderungen an Recht und Politik, an Verfassung und Gesetze – in angestrebter Einigkeit der Bürgerinnen und Bürger oder gar der Öffentlichkeit, der staatlichen Gemeinschaft.* Dabei wird sich erweisen müssen, ob eine solche konzentrierte Überzeugung – in unserer Zeit – erreichbar ist.

III. Vorweggenommene These

Rund um das Phänomen des Grundkonsenses stellt sich die Vorfrage, ob es, wenn es dieses gibt, überschätzt oder unterschätzt wird. Ich vermag sie nicht voll zu beantworten, vor allem auch deshalb nicht, weil der Begriff des Grundkonsenses in anderen Staaten, wie der Bundesrepublik Deutschland, in Nuancen reger vorkommt als in der Schweiz, was mit dem parlamentarischen System dort und der halbdirekten Demokratie hier in der Schweiz zusammenhängen könnte. In diesem relativ kleinen Staat ist das Volk Teilorgan der Verfassungs- und einfachen Gesetzgebung, und folglich ist der erforderliche Akzeptanzgrad der Erlasse sowie indirekt der Anwendungsakte leichter zu erreichen, als wenn Verfassung und/oder Gesetze einseitig durch das Parlament verabschiedet werden, was sogar die Sorge erhöht, ob deren Regelungen wenigstens auf ein gewichtiges Grundverständnis seitens der Adressaten stossen und sich darauf – zusätzlich – erfolgreich stützen lassen. Der erahnte Grundkonsens wird unter diesen Umständen sogar als lückenschliessende Interpretationshilfe des Grundgesetzes gebraucht, so wenn es darum geht, staatliche oder staatlich geförderte Öffentlichkeitsarbeit im Rahmen einer freiheitlichen Demokratie zu gewährleisten.[25]

Es scheint mir vor dem Hintergrund divergierender Auffassungen deshalb methodisch gegeben, eine These in den Vordergrund zu rücken:

— Der Grundkonsens drückt – in der Politik – eine allgemeine Grundhaltung der aktuellen – unter Berücksichtigung der Anliegen der früheren oder nachfolgenden Generation – Staatsbürgerinnen und Staatsbürger aus, die den Staat in seiner besonderen Eigenart stützt, trägt, prägt und rechtfertigt, ohne aber die verfassungsrechtlich vorgesehenen materiellen und formellen Normen, auch jene der erweiterten Legitimation, zu ersetzen.[26]

---

25 Urteil vom 2. März 1977 (BVerfGE 44, 125 147).
26 Vom Grundkonsens kann auch, in Abweichung zu diesem Text, im Zusammenhang mit Koalitionsregierungen gesprochen werden. Spannend vor allem bezüglich der Auswirkungen auf das Parlament und sogar auf die internationalen Gemeinschaften, wenn der Erstzweck einer Koalition in der Mehrheitssicherung für eine definierte Traktandenliste bestimmt ist

Vorweggenommene These

Welche präzise Funktion sich mit dem *Phänomen des Grundkonsens*es verbindet, bleibt – vorläufig – aber weitgehend offen. Auch wie er sich bildet und fortentwickelt, wird noch zu eruieren sein. Vor allem bleibt unbestimmt, welche politische, sachliche oder gar rechtliche Tragweite ihm zukommt.[27] Immerhin scheint er etwas zu tun zu haben mit der Rechtsidee von Frieden, Freiheit und Gerechtigkeit und mithin mit Rechtsstaat und Demokratie und der Fähigkeit, den Prozess der Fortentwicklung der Rechtsordnung unter dem Vorbehalt des Bewahrens der Staatsformen sowie des Zusammenhalts in der staatlichen Gemeinschaft zu gewährleisten.

Am Beispiel der Schweiz soll versucht werden, mögliche Funktionen des Grundkonsenses anzusprechen und zu ergründen, wie sich dieser formiert oder formieren könnte. Selbst wenn sich der Grundkonsens inhaltlich letztlich nicht erfassen oder definieren lassen sollte, bleibt möglicherweise die Herausforderung, dessen fundamentale Anliegen immer wieder bewusst zu machen oder sogar im Bewusstsein und Unterbewusstsein zu verankern – mit dem Ziel, die politische Ausgestaltung des Staates im Rahmen und zugunsten einer offenen Gesellschaft unter sich ändernden Voraussetzungen und Bedingungen im demokratischen Widerstreit von Konsens und Dissens an die Hand zu nehmen, ohne die gemeinsame elementare rechtspolitische Basis der Verfassung und der grundlegenden Gesetze infrage zu stellen.

---

mit Wirkungen auf das Parlament und die Verpflichtungen gegenüber internationalen Organisationen. Einen Sonderfall bildet der Grundkonsens für eine Konkordanzregierung, wie sie in der Schweiz noch gepflegt wird – nota bene: Ohne Koalitionsvertrag! Siehe dazu *Huber-Hotz Annemarie*, Grundkonsens als Basis wechselnder Koalitionen, Schweizer Monatshefte, Ausgabe 931, Zürich 2004.

In einem erweiterten Sinne kann der Begriff des Grundkonsenses auch für das sich abstimmende Verhalten von Verbänden innerhalb der Zivilgesellschaft verstanden werden, wenn es um Integrationsintentionen geht – auch diese Deutung wird in diesem Text nicht verfolgt. Dieser hebt den Grundkonsens in Relation zum Staat hervor.

27 Der Grundkonsens steht, thesenhaft in einer ersten Annäherung formuliert, nicht für den Staatswillen, den Volkswillen, die volonté générale, den Gemeinsinn, die öffentliche Meinung, sondern für eine im Diskurs verdichtete Grundhaltung der potenziellen staatlichen Gemeinschaft, die sich an den Verfassungs- und einfachen Gesetzgeber mit dem Wunsch zuwendet, seine breit abgestützten Grunderwartungen an den Staat zu bedenken und zu verfolgen. Insofern ist der Grundkonsens weder eine naturrechtliche noch eine hypothetische, auch nicht eine rechtsimmanente Vorgabe an den Staat.

Vorweggenommene These

Der Grundkonsens – im Bereich der Politik, insbesondere auch verbunden mit der Zivilgesellschaft – lässt sich rechtsphilosophisch, rechtspsychologisch oder rechtssoziologisch erklären und deuten.[28] Nicht hingegen – so scheint es – rein rechtswissenschaftlich, denn er ist als These angedacht – im Verhältnis zur Verfassung und zur Rechtsordnung insgesamt – weder Ursprungsnorm, Rechtssatz, Rechtsgeschäft (Vertrag), Organ, Instrument noch Verfahren, denn er ist in sich und aus sich heraus einzig *ein substanzielles Phänomen,* das sich im Diskurs frei gewählt erörtern und empirisch entwickeln lässt, auf dass von ihm gesagt werden kann, er vermittle vorhandene grossmehrheitliche oder allgemeine Grundüberzeugungen zum geistigen Kern der staatlichen

---

28　In der Schweiz haben sich mit dem Grundkonsens, direkt, häufiger indirekt, befasst:
 – Jörg Paul Müller aus rechtsphilosophischer
 – Max Imboden aus rechtspsychologischer
 – Dietrich Schindler (d. Ä.) aus rechtssoziologischer
 – Werner Kägi aus rechtswissenschaftlicher und naturrechtlicher Sicht.
Allerdings nur Jörg Paul Müller spricht den «Grundkonsens» mit diesem Wort an. So in *Müller Jörg Paul,* Demokratische Gerechtigkeit, Eine Studie zur Legitimität rechtlicher und politischer Ordnung, München 1993, S. 20 ff. Er spricht vom Grundkonsens als Bedingung demokratischer Ordnungen, und zwar indirekt in einem sehr breiten Sinne mit dem Ziel, Politik und Recht einander näher zu bringen. Max Imboden kommt unter dem Titel der Gesamtherrschaft auf «die Dominanz der bewussten Vorstellungsinhalte im sozialen Zusammensein der Menschen» zu sprechen und attestiert, dass auf dieser Basis die Gemeinschaftsgestaltung möglich werde, so *Imboden Max,* Die Staatsformen, Versuch einer psychologischen Deutung staatsrechtlicher Dogmen, Basel 1959, S. 31 ff., *idem,* Die politischen Systeme, Basel/Stuttgart 1962. Dietrich Schindler (d. Ä) beruft sich gleich mehrfach auf die «Grundlage gemeinsamer Überzeugungen» als Voraussetzung des Zweckmässigen und unterstreicht: «Fehlt es aber in einem politischen regen Volk gänzlich an der Gemeinsamkeit der Grundüberzeugungen, welch die die Demokratie zusammenhalten können, so führt das, wenn nicht zur Bürokratie, so doch wiederum zu einer Lähmung der Demokratie, die das Volk für die Diktatur oder diktaturähnliche Erscheinungen empfänglich macht. Die Demokratie kann nur bestehen, wenn die Differenzen auf dem Fundament gemeinsamer Überzeugungen oder eines gemeinsames Staatswillens ausgetragen werden können.» So eindrücklich *Schindler Dietrich (d. Ä.),* Verfassungsrecht und soziale Struktur, 5. A., Zürich 1970, S. 141. Werner Kägi kommt in seinem grundlegenden Werk nicht auf den Grundkonsens zu reden, sondern mahnt zu einer grundgesetzlichen festen und klaren Form einer verankerten Normenordnung, weil sein Anliegen darin besteht, die Demokratie mit der Rechtsstaatsidee stärker zu verbinden. Siehe dazu *Kägi Werner,* Die Verfassung als rechtliche Grundlage des Staates, Zürich 1971, S. 152 ff. Aufgrund seiner Nähe zum Naturrecht wäre es denkbar gewesen, einige Gedanken zum Grundkonsens einzuflechten. Er beklagt immerhin expressis verbis die fehlende «Einmütigkeit des verfassungsrechtlichen Wollens», den sinkenden Respekt vor dem Normativen und die Gefahren der Verabsolutierung der Demokratie, wenn dies nicht rechtlich ausreichend erfasst wird.

Vorweggenommene These

Gemeinschaft, adressiert primär an den Gesetzgeber mit Blick auf die Verfassung und die staatspolitisch wichtigsten Gesetze.[29]

Der Grundkonsens ist, so es ihn gibt, also nicht ein explizites Verfassungselement. Er steht der Verfassung und mit ihr der Rechtsordnung gleichsam gegenüber und – in dieser Art – er wendet sich primär an den Gesetzgeber mit dem Anliegen, dem Grundkonsens, hervorgegangen aus der Gesellschaft, Beachtung zu schenken. *Sein Sinn und Zweck liegt – erstlich und/oder letztlich – im Meistern respektive Ertragen der Spannungsverhältnisse von Konsens und Dissens,* wie sie in der Politik und rund um das Recht einer offenen Gesellschaft aufkommen und in Prozesse, in Verfahren der Meinungsbildung und des Entscheidens münden. In diesen Vorgängen kommen die Kontrastmeinungen, vor- und ausgetragen, zum Ausdruck und werden erwägend, klärend, diskursartig öffentlich bedacht – verbunden mit dem Ziel, für die Öffentlichkeit, für die Zivilgesellschaft[30], klarzumachen, worin die Divergenzen liegen,

---

29 Zum Grundkonsens im Sinne dieser Differenzierungen haben sich Jörg Paul Müller, John Rawls und Jürgen Habermas geäussert, mit unterschiedlichen Akzenten: Jörg Paul Müller mit dem Grundkonsens als Vorbedingung der Demokratie, John Rawls mit dem «übergreifenden Grundkonsens» nahe der Gerechtigkeit und Jürgen Habermas mit dem diskursbedürftigen Grundkonsens in andauerndem Diskurs. Die besondere Stelle bei Rawls bildet die Erwartung, dass sich die Menschen auf zwei Grundsätze einigen könnten: «Jede Person hat ein gleiches Recht auf das umfassende System gleicher Grundfreiheiten, das mit dem demokratischen System von Freiheiten für alle vereinbar ist.» Und: «Soziale und ökonomische Ungleichheiten sind zulässig, wenn sie a) zu erwartenden Vorteil für die am wenigsten Begünstigten und b) mit Positionen und Ämtern verbunden sind, die allen unter Bedingungen fairer Chancengleichheit offenstehen.» Siehe dazu *Rawls John*: Eine Theorie der Gerechtigkeit, Frankfurt am Main 1975, S. 336.
Zu den Autoren Jörg Paul Müller, John Rawls und Jürgen Habermas gibt es einen zusammenführenden und doch vergleichenden Aufsatz von *Tschentscher Axel*, Der Grundkonsens als rechtsphilosophischer und verfassungs-theoretischer Argumentationstopos, in: Cottier Thomas (Hrsg.), Die Öffnung des Verfassungsrechts, recht, Zeitschrift für juristische Weiterbildung und Praxis, Sonderheft, Bern 2005, S. 31 ff. Vgl. ferner: *Müller Jörg Paul*, Demokratische Gerechtigkeit, Eine Studie zur Legitimation rechtlicher und politischer Ordnung, a.a.O.; *Habermas Jürgen*, Faktizität und Geltung, Beiträge zur Diskurstheorie des Rechts und des demokratischen Rechtsstaats, Frankfurt am Main 1992.
30 Der Begriff der Zivilgesellschaft ist nicht hoheitlich definiert. Er steht im Wesentlichen für jenen Teil der Gesellschaft, der sich potenziell für das Politikrelevante interessiert, inspiriert von Bürgerinnen und Bürgern, die sich der Politik gegenüber verpflichtet fühlen und sich engagieren, sei es individuell, sei es in losen Gruppen oder in gefestigten Strukturen wie Parteien, Verbänden, Vereinigungen usw.

welche Entscheidungen zu treffen sind, gegebenenfalls mit Kompromisscharakter, und welche zu vermeiden wären. Mit anderen Worten: Demokratie – mit Einschluss des Mehrheitsprinzips – und Rechtsstaat müssen bleibend zum Tragen kommen, mit wechselnden Mehrheiten. Im Zentrum aber muss das Verantwortungsbewusstsein der Zivilgesellschaft für das Gemeinschaftliche im Staat liegen, verbunden mit dem Willen, Konsens und Dissens, also Übereinstimmung wie auch Divergenzen und Differenzen, zu ertragen, allenfalls auszugleichen und im Sinne der Rechtsidee mit Frieden, Freiheit und Gerechtigkeit im Zentrum mitzutragen: *Der Grundkonsens als Ja zum demokratisch unterlegten rechtmässigen Entscheiden und Handeln, ohne als Dissensträger die getroffenen Entscheidungen und darüber die Entscheidungsprozesse als solche anzuzweifeln, zu verwerfen – im Gegenteil: sie anhaltend – unter Vorbehalt von Rechtsänderungen – mitzutragen.*

Denkbar ist allerdings auch eine andere Auffassung, wonach der Grundkonsens gleichsam der demokratisch legitimierten Verfassung vorrangig immanent sei und also aus der geltenden Verfassung als fundamentale Aussage extrahierbar und als notwendiger Kern erkannt werden müsse, mitgetragen von der geltenden demokratisch legitimierten Verfassung und ihrer erschwerten Änderbarkeit. Das Herausarbeiten des Grundkonsenses kann dabei den wissenschaftlichen Interpreten der Verfassung, dem obersten Gericht oder den Organen der Verfassungsgesetzgebung überlassen werden. Dieser Sicht ist jedoch zu widersprechen, weil sie den Rang der Verfassung relativiert, indem sie auf einen nicht expliziten inneren, qualifizierten Kern pocht und das umgebende Allgemeine als sekundärer Bereich abtun würde. Die Verfassung ist jedoch in sich und aus sich heraus eine formelle wie materielle Einheit: eine grundlegende Geltungseinheit, die es nicht erlaubt, besondere Inhalte hinzuzudenken und vorauszusetzen. Nur so bleibt sie eine vorrangige Verfassung aus sich heraus.

Es bleibt deshalb fürs Erste dabei, dass der Grundkonsens als ein extrakonstitutionelles Phänomen der Übereinstimmung im Elementaren, im Grundsätzlichen, zu betrachten sein müsste, dass er allerdings mit seinem Bezug zu Politik und Recht differenzierter oder gar basissubstanziell zu deuten sein könnte. Der Wirkungsgrad wird ebenfalls betont zu erwägen sein.

Verzichtet wird aufgrund dieser Annahmen auf die Beantwortung der allgemeinen Frage nach dem Grundkonsens in völkerrechtlichen, also nicht staatlichen Organisationen wie der UNO, der WTO, des Europarates, der EU, der Nato usw. Das besondere, auffallende Element betrifft bei internationalen Organisationen das Fehlen des zugehörigen Volkes und dessen Ausprägung als Zivilgesellschaft – im Sinne einer signifikant offenen Gemeinschaft , die aus sich heraus politische Impulse zu proklamieren versteht. Auch mangelt die Bezugnahme auf ein feststehendes, definiertes Gebiet als Raum eines Volkes, also nicht als Summe von Staatsgebieten, die sich aus der Menge der Mitgliedstaaten ergibt. Bei den internationalen Organisationen handelt es sich eben um Bündnisse respektive Vertragsgemeinschaften, die als solche neben der Organisation genuin nicht über ein durch Grenzen definiertes Gebiet und ein einziges Volk verfügen, auch wenn ihre Grundsatzurkunden, wie Charta, Statut, Vertrag beispielsweise, sogar gewisse Elemente einer Verfassung aufweisen können.

Mit anderen Worten: Wir konzentrieren uns auf den politischen Grundkonsens in Staaten, ohne das dortige Entstehen von Untergliederungen zu bestreiten.

Die hier vertretene These ist eine These, die nach Begründung oder Verwerfung ruft, jedenfalls nach differenzierten Erwägungen. Sie nimmt keine gültige Auffassung zum Grundkonsens, wo immer er gefordert sein mag, vorweg. Sie erleichtert das Verständnis der nachfolgenden Gedankengänge. Die betonte Beschränkung auf den politischen Grundkonsens ist hingegen gewollt. Sie erlaubt uns, in erster Linie die Verfassung auf ihr Verhältnis zu einem vermuteten, behaupteten oder antizipierten Grundkonsens zu befragen.

IV. Die Verfassung als rechtsverbindliche Grundlage

Zum Wesen der Politik als öffentliche Auseinandersetzung mit der Zukunft in einer staatlichen Gemeinschaft gehört es, dass die Auffassungen über Ziele, Instrumente und Massnahmen des Problemmeisterns auseinanderdriften, ja sogar drei konflikträchtige Vorentscheidungen betreffen, nämlich

a) welche Probleme durch die Politik anzugehen sind und welche nicht,
b) welche staatlichen Organe unter welchen materiellen Anliegen in welchen Verfahren die Herausforderungen zu meistern haben – und
c) wie – vor dem Hintergrund getroffener Entscheidungen – verbleibende offene Fragen, komplexe Probleme, Meinungskonflikte akzeptier- und lösbar werden.

Auf diese zentralen Fragen antwortet in grundsätzlicher Hinsicht die Verfassung. Sie ist die Quelle der entsprechend differenzierten Rechtsordnung. Diese dient dem Rechtsfrieden genauso wie der Freiheit und der Gerechtigkeit. Die integrierte Konfliktregelung ist dabei unabdingbar, weil die einhundertprozentige Konsensfindung nicht realisierbar ist. Und hinter dieser steht die politisch so heikle Herausforderung, im Auf und Ab, im Hin und Her der Entscheidungsprozesse das für die breite Öffentlichkeit tragbare, verkraftbare, nachvollziehbare Mass an verbleibendem Dissens zu erreichen, ohne sich im Konsenspart zu überschätzen und ohne sich im Dissensbereich krass benachteiligt fühlen zu müssen. Der Grundkonsens in Belangen der Demokratie und des Rechtsstaates, so es ihn gibt und so auf ihn geachtet wird, scheint unter anderem dafür zu bürgen.

Die Schweizerische Eidgenossenschaft, ein Staat mit einer weit zurück verfolgbaren Geschichte, erweist sich auf den ersten Blick nicht als natürlich gegebene Einheit. Sie versteht sich eher als Willensnation, die sich aus gemeinsamen Interessen heraus über zahlreiche Etappen sukzessive entwickelt hat und mit den Verfassungen von 1848, 1874 und

Die Verfassung als rechtsverbindliche Grundlage

1999 sich in Kontinuität auch als eine werdende und bleibende erweisen möchte.[31] Aber: Allein schon die helvetische kulturelle Vielfalt, eng verbunden mit sprachlichen Unterschieden und mit divergierenden historischen Verwurzelungen, lässt auf eine gewisse Heterogenität des Staates Schweiz schliessen, welche die Einheit schlummernd oder eruptiv belasten könnte. Entscheidend ist denn auch für sie nicht eine künstlich konstruierte, zentrale Einheit, sondern eine Kohäsion, ein innerer Zusammenhalt auf der Grundlage gemeinsamer politischer Basisvorstellungen – mitten in Europa, das seinerseits eine Vielfalt an Kulturellem involviert und auf seine Integrationsbedingungen achten muss. Dass die Schweiz als Bundesstaat durch alle Staatsebenen hindurch halbdirektdemokratisch angelegt ist, unterscheidet sie von den meisten anderen Demokratien in den Nachbarstaaten.[32] Die parlamentarische Repräsentation herrscht dort vor, beispielhaft in der Bundesrepublik Deutschland, in Frankreich, Italien, Österreich.

Die Schweiz bedarf, wie jeder Staat – unbestritten – einer *Verfassung*,[33] die ihren Staat derart konstituiert, dass er den *Zusammenhalt* der Nation sichert und die heikle Staatsform der *Demokratie* derart festigt, dass Mehrheitsentscheidungen akzeptierbar sind, dies unter den Bedingungen eines *Rechtsstaates*, der die Staatsmacht uno actu per consti-

---

31 Die Verfassungen datieren für die aktuelle Schweiz als Bundesstaat wie folgt:
 – Bundesverfassung der Schweizerischen Eidgenossenschaft vom 1. September 1848 (aaBV)
 – Bundesverfassung der Schweizerischen Eidgenossenschaft vom 29. Mai 1874 (aBV) mit über 130 Teilrevisionen
 – Bundesverfassung der Schweizerischen Eidgenossenschaft vom 14. April 1999 (BV), im Kraft seit 1. Januar 2000
 Die wichtigsten Entwicklungsschritte betreffen die Grundrechte, die demokratischen Institutionen und die Ausweitung der Bundesaufgaben unter Wahrung föderativer Elemente. Anders formuliert: Die Verfassungen begleiten normativ einwirkend die technische, soziale, demokratische, rechtsstaatliche Entwicklung. Sie akzeptieren ihre jederzeitige Änderbarkeit, die allerdings für die Verfassungsbestimmungen durch die erhöhte formelle Gesetzeskraft der Verfassung erschwert wird. Der Verfassungsgesetzgeber besteht aus Volk und Ständen (Kantone). Erforderlich ist das doppelte Mehr von Volk und Kantonen.
32 Für die Schweiz: *Linder Wolf, Sean Müller*, Schweizerische Demokratie, Institutionen, Prozesse, Perspektiven, 4. A., Bern 2017. Für die parlamentarischen Demokratien: *Leibholz Gerhard*, Die Repräsentation in der Demokratie, 3. A., Berlin/New York 1973.
33 Statt vieler Werke: *Kägi Werner*, Die Verfassung als Grundordnung des Staates, Zürich 1945, Neudruck Zürich 1971, vor allem, weil er das Spannungsverhältnis Rechtsstaat – Demokratie angeht.

tutionem begründet und begrenzt, die Grundrechte der Bürgerinnen und Bürger gewährleistet sowie den demokratischen Gesetzgeber einsetzt, zuständig für die Verfassungs- und einfache Gesetzgebung. Hinzu kommt für die Schweiz die föderative gliedstaatliche Gliederung in Kantone im Rahmen des Bundesstaates. Alles in allem: Davon handelt die Bundesverfassung – letztlich in elementarer Korrespondenz mit den kantonalen Verfassungen, die ihrerseits demokratischen und rechtsstaatlichen Anforderungen entsprechen und gemäss Bundesverfassung genügen müssen.[34] Diese bildet also die oberste Rechtsstufe der Nation als Staat, als Demokratie, als Rechtsstaat und als staatliche Gemeinschaft. Dazu gehört die Heranbildung des Staatswillens – ein schwieriger Vorgang vom Partikular- bis zum Gemeinschafts- und Staatswillen auf der Grundlage des Mehrheitsprinzips und föderativer Elemente.[35] Eine subtile und grosse Aufgabe, die in hohem Masse, auch im

---

34 Zum Staatsrecht der Kantone: *Giacometti Zaccaria*, Das Staatsrecht der schweizerischen Kantone, Zürich 1941, unveränderter Nachdruck Zürich 1979. Siehe auch *Jaag Tobias, Bucher Laura, Häggi Furrer Reto,* Staatsrecht der Schweiz, Zürich/St. Gallen 2011, zum Bundesstaatsrecht *Fleiner Fritz, Giacometti Zaccaria*, Schweizerisches Bundesstaatsrecht, Zürich 1949. Zum neueren Verfassungsrecht gibt es unzählige Werke aus der Feder der meisten Lehrer des Verfassungsrechts wie J. F. Aubert, G. Biaggini, K. Eichenberger, B. Ehrenzeller, W. Haller, Y. Hangartner, M. Hottelier, A. Kölz, J. P. Müller, R. Rhinow, D. Schindler (d. J.), R. Schweizer, D. Thürer, P. Tschannen usw.

Besondere Beachtung verdient der Kommentar zur Verfassung des Kantons Aargau von *Eichenberger Kurt*, Verfassung des Kantons Aargau, Aarau 1986. Daselbst findet sich eine treffende Beschreibung des Selbstverständnisses dieser Verfassung als einer solchen der Vernunft und nicht der Extreme des Unabänderlichen resp. des dynamisch Prozessartigen nach dem Schlagwort einer offenen Verfassung. Es geht um eine Verfassung der ausgleichenden Mitte. Dieses Werk lässt zudem mit jedem kommentierenden Satz den hohen und doch kritischen Respekt vor dem Recht in seiner Konfrontation mit der Wirklichkeit erkennen.

35 Siehe dazu das nicht mehr sehr junge, aber eindrückliche Werk: *Schindler Dietrich (d. Ä.)*, Über die Bildung des Staatswillens in der Demokratie, Zürich 1921, insbesondere u.a. auch mit einer Auseinandersetzung zu volonté générale und Mehrheitsprinzip (a.a.O., S. 31 ff.). Es ist dies eine grundlegende Abhandlung zur Frage, wie in der Demokratie der Staatswille entsteht. Und ebenso deutlich wird: Den Rechtsunterworfenen soll Einfluss auf die Bildung des Staatswillens gewährt werden. Die geltende Verfassung vom 18. April 1999 bezieht das Volk für die Frage, ob eine Totalrevision der Verfassung in Angriff genommen werden soll, nur in zwei Fällen ein, nämlich wenn der Antrag von einer Volksinitiative ausgeht oder wenn die zwei Räte, Nationalrat und Ständerat, sich nicht einig sind (Art. 193 Abs. 2 BV). Dies war auch die Rechtslage gemäss der Verfassung vom 29. Mai 1874 (Art. 120 Abs. 1 aBV). Mit anderen Worten, auf der Bundesebene findet nicht in jedem Fall eine Grundsatzabstimmung statt, ob eine Totalrevision durchgeführt werden soll.

Die Verfassung als rechtsverbindliche Grundlage

Rahmen der jüngsten Totalrevision der Bundesverfassung vom 18. April 1999, nachvollziehbar weitestgehend geglückt ist.

Es bedurfte aber – mindestens gedanklich und politisch eine gewagte Aussage – *einer geistigen Basis* in der Bevölkerung, unter den Gliedstaaten sowie seitens der Stimmberechtigten, die aus der Gesellschaft heraus zu signalisieren hatten, welche Kernanliegen der Verfassungsgesetzgeber respektive die Verfassung zu verfolgen habe, verbunden mit dem Ziel, eine sachdienlich überzeugende Antwort bei höchstmöglicher Übereinstimmung zu erreichen. Ob dabei von Vertrag, einer Grundnorm oder eben von einem Grundkonsens gesprochen werden soll, kann hier noch offenbleiben, denn wichtig ist einzig, dass es so etwas gibt beziehungsweise gab wie eine Kernübereinkunft oder eine Regelung der Verfassungsnovellierung, die zum Erfolg des Erlasses einer funktionstüchtigen und materiell überzeugenden Verfassung verhalfen. Erlauben sollten sie zudem, die Verfassung und die gesamte Rechtsordnung zukunftsadäquat weiterzuentwickeln, inspiriert von zeitgemässen Klärungen und Innovationen.[36]

Ein Gewinn für die Politik ist es, wenn eine Verfassung die Gratwanderung zwischen Rechtssicherheit und kreativem Voranschreiten wagt. In diesem Sinne kann – gemäss der vorausgeschickten These – von einem realen, begleitenden Grundkonsens gesprochen werden, auch wenn dieser nicht stringent definiert vorgegeben war, sondern sich als Phänomen einzubringen vermochte. Ein klares Vorzeichen bildete die formlose Ablehnung des Entwurfes einer Verfassung von 1977, der zu radi-

---

36   Jörg Paul Müller spricht davon, die demokratischen Ordnungen (wohl im Sinne von Verfassungen) würden einen Grundkonsens bedingen, sowohl im Voraus als auch während der Geltung der staatlichen Ordnung. M.E. nicht im Rechtssinne, möglicherweise im Sinne eines nicht zu grossen inhaltlichen Abstandes zwischen dem Grundkonsens und der Verfassung. Dieser Aussage kann zugestimmt werden, wenn die Ausrichtung des Grundkonsenses und der demokratischen Verfassung je für sich bekannt sind. Es darf sogar die Umkehrung gewagt werden, wonach eine demokratische Verfassung den Grundkonsens kritisch zu beleben vermag. Siehe dazu *Müller Jörg Paul*, Demokratische Gerechtigkeit, München 1993, S. 20 ff.

kale, zu einseitige Veränderungen hinsichtlich Effizienz und Effektivität des staatlichen Handelns in Aussicht genommen hatte.[37]

Beim Erlass der Verfassung vom 18. April 1999 ging es – mit hoher Wahrscheinlichkeit – um den nationalen Zusammenhalt, die Staatsform der Demokratie und des Rechtsstaates, die in der Substanz zu wahren waren und die auch morgen zu beachten sein würden. Gleichsam als Zusammenfassung des Kerninhalts der Verfassung und als Kurzfassung für dessen Verständnis, nicht aber als explizite Formel, im Sinne eines vordefinierten Grundkonsenses, in der Verfassung, schon gar nicht als unabänderlicher, ewig gültiger Teil der Verfassung selbst. Im Gegenteil, die neue Verfassung sagt von sich, sie sei jederzeit ganz oder in Teilen revidierbar, mit anderen Worten, sie steht für eine offene Gesellschaft mit dynamischen Herausforderungen an die Zukunft. Die Verfassung darf eben nicht zur Stagnation verführen – auch die Rechtsordnung in toto nicht! Die Schweiz darf sich also verändern. Ein paar zusätzliche Fragen seien aber bereits hier deutlich gestellt: Ist diese Dimension der offenen Zukunft im beurteilenden Erfassen eines allfälligen Grundkonsenses mit zu bedenken? Welcher Art müsste er sein, um den Spagat von Bewährtem und Voranschreitendem zu entsprechen? Geht es bei ihm eher um Schranken und/oder um Impulse der Innovation? Oder um beides?

Auch wenn das Wort und der Begriff Grundkonsens, was immer sich mit diesem Wort verbindet, in den Verfassungen der Eidgenossenschaft von 1848, 1874 und 1999 nicht vorkommt, ist doch zu erahnen, dass jeder Verfassung Substanzielles zugrunde liegt, das zur staatlichen Gemeinschaft, zu rechtspolitischen Akzenten und zu rechtsethischen Werteausrichtungen beiträgt. Bereits die Rousseau'schen Stichworte des contrat social und der volonté générale weisen in diese Richtung gemeinschaftlicher Intentionen.[38] Aber: Der contrat social stellt jene Ver-

---

37 Vgl. dazu: *Expertenkommission für die Vorbereitung einer Totalrevision der Bundesverfassung*, Verfassungsentwurf, Bern 1977; *eadem*, Bericht, Bern 1977. Statt vieler kritischer Beiträge vgl. vor allem: *Inlandredaktion der «Neuen Zürcher Zeitung» (Hrsg.)*, Der Entwurf für eine neue Bundesverfassung, Beiträge zur Diskussion, Zürich 1979. Rund 30 Autoren äusserten sich – vornehmlich kritisch.
38 Siehe dazu *Rousseau Jean-Jacques*, Du contrat social, 1762, und dazu die Würdigung bei *Schindler Dietrich* (d. Ä.), Über die Bildung des Staatswillens in der Demokratie, Zürich 1921, S. 31 ff.

einbarung dar, die der Konstituierung des Staates durch die Verfassung voraus geht und die volonté générale verkörpert gleichsam die Gesamtheit des Willens der Gemeinschaft der Bürger und Bürgerinnen. Der Begriff Grundkonsens, der bei Rousseau nicht vorkommt, signalisiert demgegenüber das breit und tief real angedachte und dem Verfassungsgesetzgeber unterbreitete politisch «Verdichtete», also ein Konzentrat im Sinne des «willentlich unbedingt Erstrebenswerten», und zwar mit Blick auf das, was das rein Praktikable überragt – hin zum Elementaren, zum staatsrechtlich und staatspolitisch Wesentlichen. Das Grundsätzliche war bereits für die Verfassung von 1848 erforderlich, für jene von 1874 hinsichtlich der Kompetenzen des Bundes und der Demokratie der Gesetzgebung als Teilgrundkonsens angezeigt, auch wenn die Vorgaben der Verfassung von 1848 ihre Wertschätzung beibehielten.

Selbst bei der Verfassung von 1999 ging es im Kern um Grundsätzliches. Allerdings im Sinne des Festhaltens am Elementaren gemäss der Kurzformel, die Totalrevision sei als «sanfte Revision» anzugehen: a) als nachgeführte Bundesverfassung und b) separat mit einem Paket von Reformvorschlägen.[39] Ob schlussendlich das richtige Mass gefunden wurde, kann und darf gefragt werden. Das «Grundkonsensuale» scheint aber befolgt zu sein. Das Vertrauen in Demokratie und Rechtsstaat wurde – selbst unter Beachtung der politischen, wirtschaftlichen, gesellschaftlichen und umweltseitigen Veränderungen – gefestigt. Die Jahrtausendwende, auf die die Verfassung in Kraft trat, kündete sogar neue Megatrends an: Urbanisierung, Globalisierung der Wirtschaft, Völkerwanderungen, neue Kommunikationschancen, erhöhte Mobilität, Digitalisierung usw. Sie liessen aufhorchen und politisch wie auch sachlich Heikles erwarten. Die Verfassung vermag sich unter mitlaufenden sachlichen Änderungen einigermassen zu bewähren.

In einer pluraler, vielfältiger werdenden Gesellschaft nimmt die Wahrscheinlichkeit eines mit der Verfassung und der Rechtsordnung korrespondierenden politischen Grundkonsenses in der staatlichen und

---

39 Siehe dazu *Bundesrat*, Botschaft über eine neue Bundesverfassung, vom 20. November 1996, S. 8 ff.

– erweitert – in der realiter präsenten Gesellschaft eher ab denn zu. Die vielseitigen menschlichen Gruppierungen belasten die gewordene, in Umrissen noch vorherrschende Homogenität und Harmonie von Vorstellungen und Werthaltungen. Die begleitende Integrationsabsicht der Politik zielt richtigerweise dennoch darauf, die zugewanderten und zuwandernden Menschen in die vorherrschende und nachwirkende Gemeinschaft bestmöglich zu integrieren, was keine einfache Aufgabe ist, aber gelingen muss, da das hiesige Recht auch für Hinzukommende gilt, obwohl sie in der Regel einer anderen politischen und rechtlichen Erfahrungswelt entstammen. Es ist deshalb mit gewissen Divergenzen über längere Zeiträume zu rechnen. Der Graben kann tiefer werden. Beide Seiten müssen aufbauend aufeinander zugehen.

Da der Grundkonsens in der Schweizerischen Bundesverfassung von 1999 nicht als Institut respektive Instrument angesprochen noch schweigend vorausgesetzt wird, kann dieser auch nicht – mangels einer echten Lücke – durch Auslegung gewonnen und instrumentalisiert werden. Denn die geltende Verfassung verweist allfällige erforderliche Revisionen – verbunden mit dem Ziel der Mobilisierung des Grundkonsenses – auf den Weg der Gesetzgebung, die ihrerseits den Grundkonsens nicht vorsieht. Im Gegenteil, die Verfassung involviert das Volk – positiv – gleich im Doppel: a) der Veranlassung von Verfassungsänderungen durch Volksinitiativen und b) der Genehmigung der Verfassungsänderungen respektive via fakultatives Referendum für Gesetze durch das Volk.[40] Die politische Reife des Volkes dazu ist gegeben, weil es sich über die politischen Rechte mit der Gesetzgebung und insbesondere mit der Verfassungsgesetzgebung (Teilrevisionen) wiederkehrend vertraut gemacht hat und darum weiss, auf was es in einer Revision der Verfassung letztlich ankommt. Die faktische Nähe zum sogenannten Grundkonsens könnte, dürfte spürbar sein, auch wenn er formell nicht angerufen wird und auch nicht mobilisiert werden muss, zumal das Volk ohnehin ex constitutione zum Zuge kommt.

Wenn dem aber so ist, dann ist es an der Politik, den allgemeinen Grundkonsens mit Blick auf das Grundsätzliche der Staatlichkeit, ju-

---

40 Art. 192 und 193, 194 BV, Art. 138, 139 und 141 BV.

Die Verfassung als rechtsverbindliche Grundlage

ristisch repräsentiert durch die Verfassung, als reales politisches Phänomen wach zu halten, ernst zu nehmen. Es gilt, ihn sogar zu pflegen, wie immer er auch in seiner Entstehung und im Detail verstanden sein mag – bewusst, mit Ausdauer, gepaart mit Anstrengungen. Im Vordergrund stehen müssen dabei wohl das Recht, die Rechtsordnung, vor allem aber Demokratie, Rechtsstaat und die nationale Kohärenz als hauptsächliche Orientierungspunkte eines Staates, einer staatlichen Gemeinschaft, verwurzelt bis in die Zivilgesellschaft hinein.[41]

Ein fundamentaler Fehler wäre es, die eigene Grundüberzeugung – im Fall der Versetzung in die Minderheit – fahren zu lassen; denn Respekt und Toleranz gegenüber Andersartigem dürfen in einem Staat, der über das Mehrheitsprinzip agiert und den Dissens mit auf den Weg der Politik nimmt, erwartet werden. Dieses Element des Grundkonsenses des Dabeibleibens beim Grundsätzlichen und Elementaren könnte – unter Umständen schon bald – wieder zur Stütze werden.

Über alles gesehen gilt: Das Institut des Grundkonsenses ist in der geltenden Bundesverfassung weder formell noch informell verankert.

Noch nicht hinreichend deutlich geklärt sind besonders zwei Fragen. Sie gelten

a) der allenfalls ausreichenden Legitimität des Grundkonsensualen an der Seite zum Rechtmässigen respektive Nicht-Rechtmässigen gemäss geltender Verfassung und
b) ob es die Verfassung in besonderen Fällen zulasse, Elemente des Grundkonsenses als der Verfassung immanent anzunehmen.

---

41 Die anzutreffende Auffassung, dass angesichts des realen Pluralismus mit einer Mehrzahl an Grundkonsensen zu rechnen sei, ist nicht absolut zu widersprechen, doch darf darüber die Herausforderung nicht minimiert werden, den Grundkonsens zu pflegen. *Bechtolsheim Christof,* Wie viel Konsens braucht der Pluralismus, Studienarbeit, München 2000; *Vorländer Hans,* Verfassung und Konsens, Der Streit um die Verfassung in der Grundlagen- und Grundgesetz-Diskussion der Bundesrepublik Deutschland, Berlin 1981. Es handelt sich um politikwissenschaftliche Analysen. Siehe ferner *Häberle Peter,* Die Verfassung des Pluralismus, Studien zur Verfassungstheorie der offenen Gesellschaft, München 1980, insbesondere S. 63. Die Pluralismus-Diskussion ist in der Zwischenzeit zurückgegangen, ist aber nach wie vor im Kontext des Grundkonsenses als Dimension relevant.

Diesen beiden Aspekten widmen wir uns in den folgenden Kapiteln V und VI, auch wenn uns in der Art der traditionellen Auslegung der geltenden Bundesverfassung bereits in Annäherung bewusst wurde, dass diese keine Türen für einen verfassungsrechtlich eingeforderten Grundkonsens respektive das Grundkonsensuale als verfassungsrechtliche Immanenz öffnet.[42]

---

[42] Dies mag sich für das Grundgesetz der Bundesrepublik Deutschland anders darstellen. Es ist deshalb nachvollziehbar, dass das Bundesverfassungsgericht in Karlsruhe sich herausnimmt, sich auf den Grundkonsens zu berufen.

V. Die Legitimität ersetzt die Rechtmässigkeit nicht, stärkt sie aber

Die Verfassung steht sinnbildlich und de constitutione lata für das *rechtmässige Handeln* des Staates gemäss dem Legalitätsprinzip. Sie bildet mit anderen Worten die verbindliche Grundlage der Rechtsordnung eines Landes – sie ist die prägende Grundordnung der sich ausbreitenden und mehrfach zu gliedernden, vielseitigen, in sich materiellen und formellen sowie verbindlichen Rechtsordnung. Indirekt steht sie auch für die *Legitimität des staatlichen Handelns,* weil sie dafür besorgt ist, dass die Gesetzgebung aller Staatsebenen getragen ist von hoher Sachlichkeit, von breiten Informationen an die Öffentlichkeit in Vorverfahren und gegebenenfalls mit Blick auf durchzuführende Referenden. Mit anderen Worten: Staatliches Handeln ist dann legitim, wenn es mit den vorherrschenden werthaltigen und realitätsbezogenen Grundvorstellungen der Bevölkerung weitgehend – normativ fordernd – harmoniert. Das Legitime scheint in diesem Sinne mit dem, was im Wort Grundkonsens anklingt, irgendwie verbunden zu sein: Der Staat soll rechtmässig entscheiden und handeln sowie von seiner legalen Macht vertrauenerweckend – *legitimitätsstärkend* – Gebrauch machen.

Anders gefragt: Bildet das bleibend Bedenken des Grundkonsensualen durch den Gesetzgeber und die rechtsanwendenden Behörden einen tragenden Eckstein der Legitimität oder sogar eine Verstärkung der Legalität? Und umgekehrt: Führt das Vernachlässigen des Grundkonsenses zu einem Abbröckeln der Legitimität oder bald einmal der Legalität?

Ausgeprägt stellen sich solche Fragen in der Schweiz, die als halbdirekte Demokratie über rechtlich verankerte Initiativ- und Referendumsrechte verfügt und deshalb das legitimierende Mitdenken, Mitwirken der Bevölkerung respektive der Stimmberechtigten realiter und rechtlich bedingt. Sogar die Verfassung, die für die Legalität steht, erfährt durch Referenden und Initiativen mitlaufende Legitimierung. Die häufig stattfindenden Teilrevisionen der Verfassung aufgrund von Volksinitiativen oder obligatorischen Verfassungsreferenden führen zu qualifizierten

Die Legitimität ersetzt die Rechtmässigkeit nicht, stärkt sie aber

Verfassungsabstimmungen, die indirekt die Existenz der Verfassung akzeptieren, sogar in toto voraussetzen und als geltend anerkennen. Die demokratischen politischen Rechte führen ihrerseits als Grundrechte – mit der Freiheit im Zentrum – zum Erlass von Verfassung und Gesetzen und beeinflussen letztlich auch das staatliche Entscheiden und Handeln. Gefestigt durch einen gelebten Grundkonsens im Hintergrund? Das Ereignis meldet sich: Die Legitimität schwingt mit, verstärkt das Legale und, nicht zuletzt, *das Grundkonsensuale lebt auf und lässt sich als Phänomen indirekt – von Abstimmung zu Abstimmung, von Wahlen zu Wahlen – erleben*. Die Legitimität fliesst also über die Demokratie mit ein, baut sich mit ihr auf – mit Einschluss des Hinnehmens, sogar des Akzeptierens des Mehrheitsprinzips. Dazu kommen die für die Regierung weitgehend geltenden Prinzipien der Kollegialität und der Konkordanz sowie das die Verfassungsstruktur bestimmende Föderalismusgebot. Sie halten zur Zusammenarbeit, zur gegenseitigen Rücksichtnahme sowie zum Zusammenhalt an – bereit, die Legitimität zu stärken.

In den parlamentarischen Demokratien ist der erwünschte Legitimitätsgrad – bei hoher Rechtmässigkeit – schwieriger zu erreichen als in den halbdirekten Demokratien mit institutionalisierten Referenden und eröffneten Initiativmöglichkeiten. Evident einfach deshalb, weil der Informationszwang und die Mitwirkungsmöglichkeiten intensiver gefordert sind. Die Verfassung der Schweizerischen Eidgenossenschaft wurde zudem durch die Totalrevision von 1999 und wird durch die laufenden Abstimmungen zu Teilrevisionen gleichsam mitlaufend legitimiert, unabhängig vom Ausgang, einfach durch die Teilnahme.[43] In diesem Sinne bedürfte es nicht zwingend des besonderen Nachweises

---

43   Es fanden seit dem Inkrafttreten der neuen Bundesverfassung am 1. Januar 2000 über 40 Abstimmungen zu Teilrevisionen der Bundesverfassung statt – mit positivem und negativem Ausgang. Dazu kommen noch fakultative Gesetzesreferenden, die ihrerseits die Demokratie der Gesetzgebung voraussetzen. Zu beachten ist allerdings, dass die Stimmbeteiligung bei Teilrevisionen der Verfassung und aufgrund von fakultativen Gesetzesreferenden erheblich schwankt, während für den Grundkonsens ein hoher Zustimmungsgrad vermutet resp. gefordert wird. Die hohe Sequenzdichte der Abstimmungen gleicht den Mangel bis zu einem gewissen Grad aus. Auf alle Fälle wird das Referendumsrecht nicht bestritten. An ihm wird festgehalten.

eines mitschwingen Grundkonsenses, auch wenn dieser mit engagierten Bürgerinnen und Bürger leichter zu gewinnen ist.

Gewisse Lücken der Legitimität und sogar der Rechtmässigkeit bleiben allemal in jedem Staat erfahrungsgemäss bestehen, vor allem dann, wenn dem Verfassungs- und allenfalls dem einfachen Gesetzgeber Restriktionsbereiche ex constitutione offenstehen und weder durch Rechtsmittel anfechtbar noch durch politische Interventionen zwingend unterbunden werden könnten. Für solche Fälle stellt sich zusätzlich die Frage, welche Rolle dem Grundkonsens zukommen könnte oder gar müsste – wissend, dass Demokratie und Rechtsstaat a) auf ihre Weise immer wieder gefährdet sind und weil b) sogar die Demokratie mit dem Mehrheitsprinzip gebraucht, besser gesagt, missbraucht werden könnte, sich der politischen Verantwortung zu entäussern.

Das Beachten des Grundkonsenses ist jedenfalls in der schweizerischen Demokratie weniger zwingend als in der parlamentarischen. Dennoch schimmert im vorankommenden Überlegungsgang durch, dass der Grundkonsens, so es ihn wirklich gibt – oder geben müsste –, sich einzubringen hätte, weil es an ihm wäre, *Demokratie und den Rechtsstaat wie auch die staatliche Gemeinschaft* zu verteidigen. Den Grundkonsens als Phänomen zu zelebrieren, reicht nicht aus. Er muss geltend gemacht werden. Nur so lebt er! Ein solcher Fall sollte eigentlich nicht vorkommen. Die Politik müsste ein Sensorium entwickelt haben, das spürt, was geboten ist. Er kann sich aber einstellen.[44] Der bangen Frage nach der ausreichenden Motivation, den Grundkonsens geltend zu machen, für ihn einzustehen, und nach dem Grad der Beachtungsbereitschaft des Grundkonsenses darf allerdings nicht ausgewichen werden. Denn sie gilt der Wahl der adäquaten Staatsform, auf die ein politisch reif werdendes Volk Anspruch hat.

Die Grundfrage lautet sogar: Kann der sich formierende Grundkonsens mindestens das Insistieren auf politische Rechte oder sogar das Wi-

---

44 Ich denke hier an das Beispiel des Erlasses des Ermächtigungsgesetzes im Deutschen Reichstag von 24. März 1933, mit dem die gesetzgeberische Gewalt an die Regierung überging, faktisch auf Adolf Hitler.

derstandrecht beflügeln? Selbst die halbdirekte Demokratie mit ihrem Bewusstsein der bürgereigenen politische Rechte muss sich positiv mit dem Grundkonsens auseinandersetzen. Ohne ihn könnten heikle Situationen in politischen Tiefs – letztlich? – nicht gemeistert werden. Er ist, so scheint es, deshalb aktiv, über Feiertagsreden hinaus, im politischen Alltag zu pflegen. Die Frage, adressiert an die Öffentlichkeit, lautet, um was geht es im innersten Kern guter Politik? Wohl eher um günstige Voraussetzungen für ein werdendes und bleibendes Politikgeschehen als um singuläre Sonderziele. Braucht es deshalb – schon fast zwingend – das Institut des Grundkonsenses?

Das Beispiel des Werdens des Bonner Grundgesetzes leuchtet auf – ein Kontrapunkt zum fatalen Ermächtigungsgesetz des Jahres 1933.[45] Es dient dem Werden eines Staates zu, der als demokratischer Rechtsstaat politische Prozesse bis hin zu Problemmeisterungen nach innen und nach aussen ermöglicht – inmitten der damals noch offenen Frage nach dem Volk auf seinem ausholend zu definierenden Territorium. Unter der Voraussetzung eines Grundkonsenses. Andererseits war, so darf vermutet werden, in der Schweiz das Volk staatspolitisch wie staatsrechtlich wiederholt unmittelbarer, demokratiewillig, involviert, was die kritische Frage nach dem Mobilisieren des Grundkonsenses mildert.

---

45 Das Bonner Grundgesetz (GG) wurde am 8. Mai 1949 durch den Parlamentarischen Rat mit 53 gegen 12 Stimmen angenommen. Die Besatzungsmächte mussten ihrerseits zustimmen – und sie taten es bereits am 12. Mai 1949. In zehn von elf Landtagen wurde das Grundgesetz ebenfalls positiv verabschiedet. Am 25. Mai 1949 wurde das Grundgesetz in Kraft gesetzt. Neben der Vorstellung der parlamentarischen Demokratie war das Volk auch deshalb nicht präsent, weil dem Grundgesetz das Besatzungsregime als Folge des 2. Weltkrieges vorausgegangen war und die Hürde der DDR nicht zu nehmen war. Aber, wenn auch spät, am 23. August 1990 erklärte die Volkskammer der DDR den Beitritt zur Bundesrepublik. In der Schweiz hingegen als Verfassungsgesetzgeber samt dem Ständemehr aufgrund des Stimmenmehrs des dortigen Volkes gleichsam doppelt präsent. Damit einher geht ein relativ hoher demokratischer Legitimitätsgrad – fortgesetzt mit Teilrevisionen unter denselben Anforderungen. In diesem Sinne macht es politisch wenig Sinn, in der Schweiz nach dem immanenten Grundkonsens zu fragen. Er ist aufgrund der Volksabstimmungen (obligatorische und fakultative Referenden) als gelebte Demokratie bejaht vorgegeben. Übrigens auf Bundes- und auch auf kantonaler Ebene. Immerhin gilt für die Bundesrepublik Deutschland: Gemäss Art. 146 GG bleibt das Grundgesetz so lange in Kraft bis an dem Tage, an dem eine Verfassung in Kraft tritt, die von dem deutschen Volke in freier Entscheidung beschlossen worden ist. Was indirekt geschehen ist.

Das Volk als Staatsorgan war mit Blick auf die Verfassung von 1848 – und seither – unbestritten. Hier darf an die berühmte Rektoratsrede von Zaccaria Giacometti erinnert werden: «Die Demokratie als Hüterin der Menschenrechte».[46] Eine thesenhafte Vorgabe, die in manchen Ohren aufhorchen liess und aufhorchen lässt. Aber: Auch in der halbdirekten Demokratie bleibt das politische Insistieren auf dem Elementaren und Grundsätzlichen erforderlich. Solches Denken und Agieren hin zum Grundkonsens wecken zudem Wirkungskräfte zugunsten der *Legitimität und Rechtsstaatlichkeit des staatlichen Entscheidens und Handelns*, vor allem wenn die Nähe der zentralen Anliegen des Staates in ihrem Verhältnis zu Rechtsstaat und Demokratie gesucht wird.

Der Grundkonsens hat etwas mit der Staatsgründung und dem Fortbestand des Staates zu tun, und zwar in seiner legitimierenden, kritisch fragenden und stützenden Art: zugunsten eines Staates, der die Erstanliegen der Demokratie und Rechtsstaates auf der Basis einer Verfassung achtet und beachtet, wie dies dem Grundkonsens entsprechen könnte, und mit dem Festhalten an der rechtsstaatlichen Demokratie unter Wahrung der integrativen Kohärenz des Staates und der Staatsgemeinschaft. Noch besser wäre es aber, wenn diese Einigkeit aus der Gesellschaft, aus dem Volk erblüht und sich immer wieder neu zu Wort meldet, sollte dieser Kern ernsthaft tangiert oder verletzt werden.

Der Grundkonsens, so es ihn gibt oder geben müsste, ersetzt weder den novellierenden oder gar den totalrevidierenden Verfassungs- wie auch nicht den ordentlichen einfachen Gesetzgeber in ihrer Grundverantwortung. Das Legitime, verbunden mit dem Grundkonsens, ruft nach dem Legalen, und dieses weiss um die legitimierte Verpflichtung, das Legale hochzuhalten und immer wieder neu zu reklamieren. Am Grundkonsens dürfte es sein, darauf zu insistieren, dass das Rechtmässige bleibend mit dem Staat – dem Rechtsstaat und der Demokratie – einher geht, und zwar nachhaltig.

---

46 Nachgedruckt in: *Kölz Alfred (Hrsg.)*, Zaccaria Giacometti (1893–1970, Ausgewählte Schriften, Zürich 1994, S. 5 ff.

VI. Lässt sich ein «vorausgesetzter» Grundkonsens aus der geltenden Verfassung rechtsverbindlich herleiten?

Wenn ein Verfassungsgesetzgeber sich vor die Aufgabe gestellt sieht, eine Verfassung zu erlassen oder eine geltende zu revidieren, so verdeutlicht sich für ihn die Notwendigkeit, auf staatspolitische und staatsrechtliche Vorstellungen zurückgreifen zu können. Sei es auf eigne, sei es auf solcher Dritter – auch auf fundierte Lehrmeinungen – oder im Idealfall auf politische Kräfte, die auf ein Paper, eine programmatische Erklärung oder eine feierliche Proklamation hinarbeiten, die eine Mehrheit aus dem Volk hinter sich vereinigen könnten. Nicht zugunsten einer ausgearbeiteten Abhandlung oder gar eines Verfassungsentwurfes, wohl aber mit Blick auf gemeinsame Mindest-Grundvorstellungen, die prägend sind und sogar fällig werdende Differenzen erträglich und ausgleichbar erscheinen lassen.

Im Sinne eines Grundkonsenses? Eine schmale und doch ausholfähige Vorgabe, die laufend diskutiert würde, könnte sich früher oder später zu einem gefestigten Grundkonsens entwickeln, die – adressiert vorweg an den Verfassungsgesetzgeber – hilfreich würde, den Ductus der Verfassung zu bestätigen: Der *Grundkonsens als politisches Phänomen des Ausdrucks politischer Kernanliegen*. So besehen kann sogar die Frage gewagt werden, ob ein verfassungsrechtlich vorausgesetzter Grundkonsens in der Lage sei, verfassungsrechtliche Argumentationen zu unterstützen.[47]

Man kann dazu grundsätzlich negativ eingestellt sein: Die Chancen mit einer frei im Diskurs gewonnenen Formel des Grundkonsens, die potenziell mehrheitsfähig sein sollte, gleichsam die Verfassung zu bereichern, sei ab ovo nur begrenzt aussichtsreich, weil ungewiss sei, ob der Grundkonsens eine echte Rechtsquelle bilde. Offen sind auch weitere Punkte, unter

---

[47] Siehe dazu *Tschentscher Axel*, Der Grundkonsens als rechtsphilosophischer und verfassungstheoretischer Argumentationstopos, a.a.O. Ob dies verfassungsrechtlich zulässig ist, muss für jede positivrechtliche Verfassung geprüft werden. Für die schweizerische Verfassung gibt es dazu keine höchstrichterlichen Hinweise, anders für die Bundesrepublik Deutschland, auf die der genannte Autor aufmerksam macht. Es geht dabei um die Verfassungsgrundlage für das Subventionieren der politischen Öffentlichkeitsarbeit und Bildung (BVerfGE 44. 125 147).

Lässt sich ein «vorausgesetzter» Grundkonsens rechtsverbindlich herleiten?

anderem ob der Grundkonsens aus dem Unterbewusstsein der Öffentlichkeit auftauche, bewusst und willentlich proklamiert oder ob er aus der geltenden Rechtsordnung, insbesondere aus der Verfassung, erfassbar werde, und nicht zuletzt: Wird der geltend gemachte Grundkonsens seitens der Institutionen des Rechtsstaates, insbesondere seitens des Gesetzgebers ohne expliziten Ermächtigungsverweis tatsächlich beachtet? Von wem auch immer? Also gar von den Organen der Verfassungsgesetzgebung, von den Gerichten, den Parteien, der Öffentlichkeit, den Medien? Auf solche Fragen muss primär die Politik antworten – in offener und sich öffnender Art auch das Recht. Die Rechtswissenschaft sollte ihrerseits unter anderem klären, aus welcher Gedankenwelt der behauptete Grundkonsens stammt – aus Rechtsanliegen oder aus politischen Überzeugungen der Gesellschaft heraus? Mit welcher Legitimation? Denn so lautet die Rechtsfrage: *Lässt sich ein geltend gemachter Grundkonsens aus dem geltenden Recht als Rechtsgrundlage herleiten, postuliert er zu erlassendes Recht oder entspringt er einer rechtsgültig frei gewählten Idee, beispielsweise geboren inmitten der Zivilgesellschaft aus spontanem, politischem Verantwortungsbewusstsein freier Gruppierungen als verbindliche Aussage für die Rechtsanwendung?*

Wenden wir uns der Schweizerischen Bundesverfassung zu. Die Fortentwicklungspotenziale der Verfassungen von 1848 und 1874 sowie der novellierten von 1999 könnten tatsächlich die beschriebenen Fragen aufdrängen. Die folgende kühne Regelung ist allen drei Verfassungen sinnverwandt zu entnehmen: «Die Bundesverfassung kann jederzeit ganz oder teilweise revidiert werden.»[48] Sie spricht in einem gewissen Sinne für eine breite, weitgehend schrankenlose Optionsfreiheit – vorbehalten ist neuerdings einzig das zwingende Völkerrecht.[49] Es sei denn, die Lehre und/oder die Rechtsprechung beruft sich auf weitere, ungeschriebene, materielle Schranken seitens der geltenden Verfassung oder auf der Basis eines extrakonstitutionellen Naturrechts. Die Debatte dazu ist in der Schweiz nach wie vor offen und nie durch Doktrin oder Rechtsprechung eindeutig eingeengt oder gar abgeschlossen worden. Allerdings darf vermutet werden, dass der Grundkonsens, so er präsent wäre,

---

48 Art. 192 Abs. 1 BV.
49 Art. 193 Abs. 4 BV und Art. 194 Abs. 2 BV.

Lässt sich ein «vorausgesetzter» Grundkonsens rechtsverbindlich herleiten?

möglicherweise in der Lage wäre, gewichtige Andeutungen über seine Vorstellungen zum Grundsätzlichen einzubringen. Jedoch mit welcher Begründung? Mit welchem politisch-rechtlichen Erfolg?

Auf einen allgemein gehaltenen Grundkonsens zu schliessen, kann naheliegen, wenn gleichsam zu jeder Art von Staatsverfassung den Beteiligten die Vorfrage unterbreitet wird, auf welcher Grundlage der Verfassungsgesetzgeber die geltende konkrete Verfassung konzipiert habe und welchen Grundanforderungen eine neue Verfassung genügen müsste. Die Antworten mögen differieren, sie sind aber durch wissenschaftlich initiierte Befragungen eruierbar. Sie dürften aber in der Regel eher allgemein Bekanntes zum Kerngehalt einer Verfassung hervorbringen. Präziser werden die Antworten, wenn die Frage modifiziert wird, ob der geltenden Verfassung ein bleibender oder weiterführender Grundkonsens – explizit oder durch Interpretation – entnommen werden könne oder ob ein solcher nur ausserhalb der Verfassung auffindbar sein dürfte. Es würde – so vermute ich – wohl nüchtern festgestellt, dass in der Verfassung kein sichtbarer Inhalt mit dem Rang eines Grundkonsenses auszumachen sei, es sei denn, es werde ein solcher hineininterpretiert respektive gekonnt durch Auslegung gewonnen. Oder es sei in der Öffentlichkeit ein gewisser Wille spürbar, eine neue Verfassung müsse Demokratie- und Rechtsstaats- sowie Kohäsionserwartungen respektive – völlig andersartig – spezifischen Parteierwartungen entsprechen.

Die folgenden drei Grundannahmen, die auf einen verfassungsimmanenten Grundkonsens folgern lassen könnten, sind zu hinterfragen:

— *Erstens*: die potenzielle Relevanz eines Grundkonsensphänomens für den Verfassungsgesetzgeber,
— *Zweitens*: die Summe substanzieller Hinweise auf Grundlegendes in der geltenden Verfassung, die auf einen Grundkonsens schliessen lassen könnten,
— *Drittens:* jene rechtsphilosophischen Thesen naturrechtlicher Art, die der Verfassung respektive dem Verfassungsgesetzgeber materielle Schranken in der Form eines vorgegebenen Grundkonsenses auferlegen könnten.

Lässt sich ein «vorausgesetzter» Grundkonsens rechtsverbindlich herleiten?

1. Wo und wie immer der Grundkonsens verortet und definiert wird, eine gewisse Relevanz des Fragens nach ihm kann tatsächlich nicht von vornherein ausgeschlossen werden.[50] Für die Schweiz ist zu beachten: Die Abfolge der Verfassungen von 1848, 1874 und 1999 mit ihren zahlreichen Teilrevisionen werfen das Licht auf die hohe Möglichkeit einer Grundkonsensrelevanz, die den jeweiligen Verfassungsgesetzgeber inspiriert haben könnte. Keiner der drei Verfassungen ist allerdings eine explizite Bestimmung zu entnehmen, die den eingesetzten Gesetzgeber, Volk und Stände, verpflichten würde, bei einer Teil- oder Totalrevision der Verfassung Vorgaben im Sinne eines Grundkonsenses zu beachten, sieht man von jenen Bestimmungen ab, die explizit die Beachtung des zwingenden Völkerrechts vorschreiben.[51] Etwas schillernd ist dabei der genannte Vorrangbegriff. Er kann unterschiedlich ausgelegt werden, ist aber historisch eher restriktiv zu verstehen. Weitere materielle Schranken sind nicht explizit festgelegt.

Aber: Durch die Verfassung ist angeordnet, dass der Verfassungsgesetzgeber als demokratisch bestelltes Staatsorgan (Stimmberechtigte des ganzen Landes für das Volksmehr) und der Kantone (sog. Standesmehr auf der Basis der Stimmberechtigten des jeweiligen Kantonsgebietes für das Ständemehr) eingesetzt ist und als solches für eine Totalrevision zu sorgen hat. Die Demokratie und mit ihr der Rechtsstaat sind also für die neue Verfassungsgesetzgebung – formell und materiell – vorbestimmt: Volk und Stände sind abschliessend zuständig und der Erlass der neuen

---

50 Vgl. dazu den interessanten Titel der Besprechung eines Handbuches des Verfassungsrechts der Bundesrepublik Deutschland: *Lübbe-Wolff Gertrud*, Auf der Suche nach dem Grundkonsens, in: Der Staat, 4/1984, S. 37 ff. Die Autorin erkennt im Werk von *Benda Ernst, Maihofer Werner, Vogel Hans Jochen (Hrsg.)*, Handbuch des Verfassungsrechts der Bundesrepublik Deutschland, Berlin/New York 1983, das Bestreben, über alle Einzelaspekte hinweg den Grundkonsens zu erfragen, der die Verfassung trägt, prägt und zusammenhält. Dies ist ein durchwegs interessanter Ansatz. Doch was will damit gesagt sein? Welche Bedeutung kommt dem Grundkonsens, so er sich finden lässt, auf längere Zeit zu? Die Autorin fragt gleich einleitend, ob das Programm des verfassungsrechtlichen Grundkonsenses einer Konsenskrise und also einer Krise der verfassungsrechtlichen Bewusstseinslage auf der Spur sei. Es geht also bei dieser Art der Fragestellung um den der Verfassung eigenen ausholenden Grundkonsens. Hier aber fragen wir nach dem aussenstehenden Grundkonsens, der Defizite mitträgt und allfällige Novellierungen anstrebt.
51 Art. 192 Abs. 4 BV, Art. 139 Abs. 3 BV.

Lässt sich ein «vorausgesetzter» Grundkonsens rechtsverbindlich herleiten?

Verfassung hat sich ex constitutione auf dem Weg der geltenden Gesetzgebung zu bewegen. Massgebend sind die Bestimmungen der Verfassungen von 1848 (Art. 111 aaBV), 1874 (Art. 118 aBV) und 1999 (Art. 192 BV). In jeder kann und darf verfassungsrechtlich ein Kernelement der Unabänderbarkeit erkannt werden – mit vertretbaren Argumenten.[52] Sogar ein definierter konstitutiver Quasi-Grundkonsens, wenn auch nicht ein tiefer verstandener, dynamisch agierender, sich fortsetzend legitimierender, sondern gekoppelt an die zitierten positivrechtlichen Artikel. Mit anderen Worten: Die Totalrevision der Bundesverfassung muss immer getragen sein vom Volk und den Kantonen als doppelter Mehrheitsbeschluss. Sie ist also nicht als revolutionärer Akt zu verstehen, sondern als bleibender demokratisch gefasster und rechtsgebundener Vorgang – sogar auf der Basis der Vorgaben zur Beachtung der Verfahrensgesetzgebung, mit Einschluss der politischen Rechte der Bürgerinnen und Bürger.

---

52 In diesem Sinne Giacometti Zaccaria in: *Fleiner Fritz, Giacometti Zaccaria*, Schweizerisches Bundesstaatsrecht, Zürich 1949, S. 703 ff., niedergeschrieben für die Verfassung von 1874, aber sinnverwandt auch übertragbar auf die Verfassung von 1999. Ob daraus auch der Schluss gezogen werden kann, die totalrevidierte Verfassung müsse ihrerseits breit demokratisch und rechtsstaatlich angelegt sein, darf wohl angenommen werden, doch ist dieser Schluss nicht logisch zwingend, wohl aber insofern inhaltlich vertretbar, als die Basis der politischen Rechte vorbehalten ist und dies wird durch die rechtsstaatlichen Grundrechte und deren demokratische Funktionalität bestimmt. Giacometti verweist zusätzlich auf *Hans Nef*, der in einem Aufsatz über die materiellen Schranken der Verfassungsrevision, ZSR n.F., Bd. 61, Heft 1, S. 168 ff., den Gedanken bis hin zu den politischen Rechten und also den Grundrechen erweitert hat. Zur Frage, ob es «ewige» Normen in der Verfassung gibt, die gleichzeitig als «vorgebener Grundkonsens» verstanden werden könnten, gibt es keine positive, vorherrschende Lehrmeinung, wie die Lehre zu den materiellen Schranken der Verfassungsrevision in sich einheitlich gefestigt ist. Insofern kann der Schluss gezogen werden, es gibt ihn nicht den verfassungsrechtlich immanenten, vordefinierten Grundkonsens, m.E. schon deshalb nicht, weil der Grundkonsens kein verfassungsrechtliches Institut ist. Zur Lehre von den materiellen Schranken der Verfassungsrevision siehe die breit gefächerte Analyse bei *Häfelin Ulrich, Haller Walter, Keller Helen*, Schweizerisches Bundesstaatsrecht, 8. A., Zürich 2012, S. 561 ff. Eine einheitliche Lehre ist nicht auszumachen. Auch seitens des Bundesrates lassen sich keine wegweisenden Vorgaben finden. Siehe auch bezüglich der Theorie der materiellen Schranken den St. Galler Kommentar von *Ehrenzeller Bernhard, Schindler Benjamin, Schweizer Rainer J., Vallender Klaus A.* (Hrsg.), Die schweizerische Bundesverfassung, 3. A., Zürich/St. Gallen 2014, Art. 192 BV: Die Annahmen ungeschriebenen Verfassungsrechts werden eher akzeptiert, wenn nicht die Rechtswissenschaft solches annehme, sondern die Rechtsprechung diese hervorhebe.

2. Neben der soeben abgehandelten Regelung zur Verfassungsgesetzgebung lassen sich aber noch andere Bestimmungen als elementar und von bleibender Relevanz beschreiben: von den Grundrechten bis zur Gewaltentrennung, von Grundsätzen staatlichen Handelns bis zur föderativen Gliederung des Bundesstaates, von den politischen Rechten bis zur verfassungsrechtlich vorausgesetzten oder gefolgerten Rechtssicherheit. Und nicht zuletzt: die bewusst gewählten Staatsformen der Demokratie und des Rechtsstaates. Ob sich mit diesen elementaren Aussagen die Theorie verbindlicher materieller Schranken der Verfassungsrevision verbinden lässt, ist offen. Sie wird in der Schweiz und für deren Verfassung teils verworfen, teils bejaht, ohne dass es je zu Festlegungen gekommen wäre, weder durch die Rechtsprechung noch durch den Einfluss der Lehrmeinungen. Es ist deshalb davon auszugehen, dass es positivrechtlich keine prinzipiellen Antworten zu den Schrankentheorien gibt, die das Aufspüren eines verfassungsimmanenten Grundkonsenses erleichtern würde.

Dass ein formulierter Grundkonsens unter keinem relevanten Titel expressis verbis auszumachen ist, ist offensichtlich. Zudem sprechen die folgenden rechtstheoretischen Gründe gegen die Annahme eines breit gefassten Grundkonsenses, extrahiert aus der geltenden Verfassung:

a) Die Verfassung als Ganze geniesst erhöhte Geltungskraft und lässt unter diesem Gesichtspunkt an sich keine Hervorhebungen zu, die als herausragender Grundkonsens verstanden werden könnten.

b) Die Verfassung zeigt materiell eine abgestimmte Summe von Rechtssätzen auf, die in dieser Art der inneren Ausrichtung respektive Abstimmung verstanden sein wollen und deshalb einen institutionellen Sonderstatus, wie er einem Grundkonsens zukommen würde, zu vermeiden trachten.

c) Die jederzeitige ganz oder teilweise Revidierbarkeit der Verfassung spricht ihrerseits gegen einen verfassungsimmanenten Grundkonsens, der für derart prägend gehalten würde, dass er zur Interpretationsvorgabe der Verfassung würde, was die Revidierbarkeit lähmen würde.

d) Am ehesten könnte der Grundkonsens als verfassungsimmanenter mit dem Mehrheitsprinzip in Verbindung gebracht werden, weil dieses aus einer Teilsumme der Partikularstimmen den Staatswillen kreiert und für die Minderheit verkraftbar bleiben muss, obwohl die Mehrheit nicht der volonté générale entspricht und diese als rechtliches Faktum nur hingenommen werden kann, wenn die Resultate in echten freien Abstimmungen und Wahlen variieren. Aber auch unter diesem Gesichtspunkt wird ein zentraler, existenzieller Grundkonsens nicht ersichtlich.

3. Offen ist nur noch die letzte der drei oben anstehenden Grundfragen nach einer ungeschriebenen naturrechtlichen Aussage zum Grundkonsens. Sei es im Sinne des göttlichen, des natürlichen oder des rationalen Naturrechts, die sich gleichsam ein vorrangiges Eindringen ins positive Recht erlauben. Die nun folgenden Reflexionen gelten dem Naturrecht als solchem. Denn der Eingriff ins geltende Recht aus einer vorausgesetzten höheren Rechtsebene heraus, ist an sich fragwürdig, wenn auch vorstellbar, vor allem wenn es darum geht, dem manifesten Unrecht um des Rechts willen zu widersprechen, oder eine wegweisende Interpretationshilfe anzubieten, beispielsweise mit dem Hinweis auf das Gemeinwohl. Mit anderen Worten: Der Rückgriff auf den «Sternenhimmel über uns» ist nur dann unumgänglich, wenn das Recht aus Willkür, Eigennutz, Sonderideologie ausser Kraft gesetzt oder bewusst missachtet wird.[53] Dies ist aber nicht der Regelfall, auch wenn das Absurde dann doch wieder nicht selten ist. Insbesondere ist der staatliche Machtmissbrauch für persönliche Interessen oder jener einer einzigen zugelassenen Partei eine grobe Unbedachtheit.[54] Der Hemmungsfaktoren, sich

---

53 Schiller, Wilhelm Tell:
«Wenn der gedrückte nirgends Recht kann finden,
wenn unerträglich wird die Last greift er
hinauf getrosten Mutes in den Himmel
und holt herunter seine ew'gen Rechte,
die droben hangen unveräusserlich
und unzerbrechlich wie die Sterne selbst.»
54 Das Naturrecht – in welcher Art auch immer – wird dort zum Rettungsanker, wo auf das Widerstandsrecht zurückgegriffen werden muss: Siehe dazu *Kley Andreas*, Rechtsstaat und Widerstand, in: Aubert Jean-François, Thürer Daniel, Müller Jörg Paul (Hrsg.), Schweize-

Lässt sich ein «vorausgesetzter» Grundkonsens rechtsverbindlich herleiten?

auf das Naturrecht zu berufen, bleiben aber dennoch viele, weil es an den freien, gewissenhaften Menschen ist, das Recht zu setzen und zu legitimieren, nicht über einen Rückgriff auf das für sie Nicht-Verfügbare. Für das reklamierte Naturrecht besteht somit grundsätzlich kein Raum, solange sich das Recht respektive der Gesetzgeber von sich aus bemüht, eine vertretbare Ordnung zur Geltung zu bringen und durch die Adressaten demokratisch mindestens legitimieren zu lassen.[55]

Dem Grundkonsens, wenn es ihn gibt oder geben soll, verbleibt die nicht unwichtige einzigartige Chance, seine rechtspolitischen Anliegen gleichsam aus dem Ausserverfassungsrechtlichen heraus zu entwickeln, dem laufenden politisch Diskurs zu unterstellen und an den Verfassungsgesetzgeber und Gesetzgeber zu richten, ihn also souverän zu postulieren, so er als politisch hilfreich, gar als mehrheitstauglich erscheint. Um dies zu erreichen, darf sich der Grundkonsens nicht übertun. Er darf nicht in De-

---

risches Verfassungsrecht, Zürich 2001, S. 285 ff.; ferner *Rhinow René A.*, Widerstandsrecht im Rechtsstaat, Bern 1984. Im funktionierenden Rechtsstaat besteht kein Widerstandsrecht. Es stehen Rechtsbehelfe, Rechtsmittel und politische Rechte zur Verfügung, von denen Gebrauch zu machen ist. Die Kernfrage betrifft letztlich die rechtsstaatlichen Grundrechte selbst: Ist ihnen das Widerstandsrecht als verbleibendes Recht eigen, wenn die Grundrechte wider die Rechtsstaatsidee durch politische Machtträger verweigert werden? Mit Immanuel Kant ist daran zu erinnern, dass die Freiheit ein angeborenes Recht ist. Diese These kommt nahe an eine rationale Naturrechtsaussage heran.

55 Im Sinne der Summe der Erwägungen in diesem Abschnitt ist es auch gerichtlichen Interpretation verwehrt, auf einen verfassungseigenen ungeschriebenen oder angedeuteten Grundkonsens zu schliessen. Schweizerische Gerichte haben dies m.W. auch nicht getan. Selbst das Bundesgericht nicht. Umgekehrt hat das deutsche Bundesverfassungsgericht in einem Urteil vom 2. März 1977 festgestellt, dass im Bewusstsein der Bürger der Grundkonsens bestehe, dass das Grundgesetz dem einzelnen Bürger einen weiten Freiheitsraum eröffne zur Entfaltung im privaten und im öffentlichen Raum. Gewährleistet sei deshalb, dass es der staatlichen Öffentlichkeitsarbeit erlaubt sei, diesen Grundkonsens lebendig zu erhalten. Siehe dazu *Schuppert Gunnar Folke, Bumke Christian (Hrsg.)*, Bundesverfassungsgericht und gesellschaftlicher Grundkonsens, Baden-Baden 2000. Entscheidend ist es dabei, dass es bei diesem Entscheid um die Verfassungsmässigkeit der Öffentlichkeitsarbeit geht und nicht um den Grundkonsens als solchen. Dennoch darf gefolgert werden, dass die Realität des Grundkonsenses als Folgerung aus dem Grundgesetz vorausgesetzt wurde und also vorausgesetzt werden darf. Nicht gezogen wurde die Schlussfolgerung, die Erhaltung des Grundkonsenses sei alleinige Aufgabe des Staates. Auch nicht behauptet werden darf, der Grundkonsens als solcher sei verfassungsrechtlich abschliessend definiert. Das Urteil verweist vielmehr auf das reale Bewusstsein der Bürger. So besehen ist m.E. gegen das Urteil aus der hier vertretenen Optik nichts einzuwenden, obwohl der Wortlaut einen anderen Eindruck erwecken könnte.

Lässt sich ein «vorausgesetzter» Grundkonsens rechtsverbindlich herleiten?

tails vorstossen, er muss sich auf zielführende, elementare gesetzgeberische Anspruchsanliegen konzentrieren.

In diesem Sinne ist in den nächsten Schritten zu versuchen, Fundament, Gerüst und Ziele eines Grundkonsenses anzusprechen – nicht als Modell für eine konkrete Version, sondern als Beispiel, an dem sichtbar werden könnte, was mit dem Grundkonsens gemeint und sinnvoll ist. Nicht um eine Vorwegnahme der Verfassung geht es, sondern einzig um die elementarsten Anforderungen, um gewichtige materielle wie strukturelle Strukturvorgaben, aufgrund derer der Verfassungsgesetzgeber die Verfassung aufblühen lassen kann.

VII. Der Grundkonsens als «extrakonstitutionelles politisches Phänomen» – zugunsten der Verfassung, der Rechtsordnung und der staatlichen Gemeinschaft

In der Sache geht es aufgrund der bisherigen Erwägungen beim Grundkonsens, so es ihn gibt und geben soll, um einen politischen, ausserrechtlichen, der sich auf den Verfassungs- und einfachen Gesetzgeber fokussiert. Primär inhaltlich zugunsten von Demokratie, Rechtsstaat und nationaler Kohäsion – andauernd, fundamental staatspolitisch und staatsrechtlich angedacht. Gleichsam aus dem Anliegen heraus, jene politische Zielsetzung verdichtet aufrechtzuerhalten, welche die Staatsgründung durch Erlass einer Verfassung ermöglicht hat und die fähig ist, Demokratie, Rechtsstaat und staatliche Gemeinschaft über längere Zeiten zu gewährleisten. Dabei das Vertrauen in jene praktikablen Prinzipien, wie das Mehrheitsprinzip, zu festigen, die neben dem Konsens den Dissens unter dem Aspekt von Mehrheit und Minderheit zulässt. Diesen aber durch das wechselvolle politische Geschehen mildert. Der Grundkonsens trägt also dazu bei, auf Demokratie, Rechtsstaat und nationale Kohäsion zu insistieren und unter anderem das mitlaufende Spannungsverhältnis von Konsens und Dissens auszuhalten.

Der Grundkonsens vermag das für einzelne Entscheidungen und sogar für den Erlass einer Verfassung so heikle und doch unerlässliche Mehrheitsprinzip nicht zu vermeiden. Vielmehr: Er steht für es ein, wenn die demokratischen Verfahren a) wechselnde Mehrheiten zulassen, b) wenn die Verfahren rechtsstaatlich gewährleistet sind, c) wenn sie sich auf die politischen Rechte der Bürgerinnen und Bürger stützen und wenn d) das Volk als Staatsorgan vom Willen beseelt ist, die staatliche Gemeinschaft zu erhalten und mit dem Geist des Aufeinanderzugehens, der Konkordanz, zu erfüllen. Dies bedingt, vorweggenommen, einen dreigliedrigen – Demokratie, Rechtsstaat, Kohäsion – Grundkonsens, vor allem aber auch den Grundkonsens als solchen, der die verfassungsrechtliche Konzentration auf Praktikables unterhalb des

Der Grundkonsens als «extrakonstitutionelles politisches Phänomen»

Höherwertigen der idealen Volkssouveränität trägt und mit auf den politischen Weg durch den Lauf der Zeiten nimmt.

Der Grundkonsens zum Staat Schweiz lässt sich, so besehen, folgendermassen beschreiben: Er dient dem Bundesstaat der Schweizerischen Eidgenossenschaft und also der Bundesverfassung zu, ohne in der Verfassung erwähnt zu werden, auch nicht als Vorspann, auch nicht zwischen den Zeilen. Er wird gleichsam der Gesellschaft als Zivilgesellschaft anvertraut. Sie hat sich um ihn zu kümmern und dafür besorgt zu sein, dass zusätzlich der Diskurs zum Thema des Grundkonsenses stattfindet – sogar anhaltend. Ausserdem ist der Grundkonsens an den Gesetzgeber zu adressieren und diesem insistierend und von Zeit zu Zeit mit Nachdruck zu unterbreiten.[56]

Der Grundkonsens, der als Einheit gesehen wird, muss aber vorweg in seinen Elementen erkannt werden. Das Erste kümmert sich um die Voraussetzungen der Staatsform der Demokratie, das Zweite um den Rechtsstaat und das Dritte widmet sich der inneren und äusseren Kohäsion, also dem Zusammenhalt der Menschen und der Institutionen.

Alle drei Elemente sind nicht frei von Herausforderungen. In Stichworten: Die Demokratie unterläuft – realiter gezwungen – mit dem Mehrheitsprinzip das Ideal des einstimmigen Konsenses und neigt dazu, sich über das Recht zu stellen, der Rechtsstaat ist der Versuchung ausgesetzt, den staatlichen Regelungsbedarf permanent zu überschätzen und dabei die der Rechtsidee so teure Freiheit zu beschränken, und die Kohäsion sieht sich von potenziellen oder akuten Konflikten wie auch sozialen und ökonomischen Disparitäten belastet, die bestmöglich abgebaut werden müssen, vor allem aber nie überbordend Zwietracht säen dürfen. Jede Art von Grundkonsens setzt sich das Ziel, das Bestmögliche für ihren Bereich zu gewährleisten und das Vertrauen in die Demo-

---

56 Ob es richtig ist, die Zivilgesellschaft über die genannte Funktion des Erhaltens und Gestaltens des Grundkonsenses zu definieren, scheint mir hingegen fragwürdig, weil das Aufgabenfeld breiter ist, auch wenn das Befassen mit dem Grundkonsens als zentral eingestuft werden darf.

kratie respektive das Bewahren des Rechtsstaates sowie das kreative Zusammenhalten im Innern und gegen aussen zu stärken.

Am durch die Verfassung konstituierten Staat und dessen entfaltender Politik ist es, die anstehenden und aufkommenden Probleme, auch komplexe, zu meistern. Nicht am Phänomen des Grundkonsenses ist es, alle Probleme aus der Welt zu schaffen. Dieser steht vielmehr für die Erstanliegen des staatlich Elementaren und Grundsätzlichen, also des gesellschaftlichen-politischen Verantwortungsbewusstseins, weil das Volk als Gemeinschaft dieser Wachsamkeit bedarf, die in der Demokratie und im Rechtsstaat unter den Bedingungen einer verfassten Ordnung am besten gedeiht.

Immerhin: Für die Schweizerische Eidgenossenschaft darf festgestellt werden, dass durch die Verfassungen von 1848, 1874 und 1999, aus verwandtem Geist, das Demokratische, das Rechtsstaatliche und das Kohäsionsmässige als Wegweisungen dominierten und das Voranschreiten beflügelten, wenn auch nicht als unumstösslicher Zwang, sondern als freier Akt, inspiriert und gestützt inhaltlich durch den relativ abstrakten Grundkonsens. Dieser ist nicht ein ausgeformter Staatswillen auf Zeit, sondern bewegt durch die intendierte Absicht, sich für die Demokratie, den Rechtsstaat und die Kohäsion des Landes, adressiert an die massgebenden Gesetzgeber, sich dafür einzusetzen, diese Postulate anhaltend zu vertreten und umzusetzen, inspiriert von einem mehrheitsfähigen Diskursergebnis, parallel offen für Veränderungen in der Gesellschaft und deren Umfeld. Dies ist geschichtlich bis heute weitestgehend geschehen, geglückt, auf der Basis von Demokratie und Rechtsstaat, konkret unter Zustimmung des Volks- und Ständemehrs zu den Randbedingungen, stets verfeinert bis hin zum Föderalismus, zum Konkordanzprinzip, das für die Regierung de facto gilt, das sich aber nebenbei auf die Arbeit des Parlaments und den Zusammenhalt im Volk auswirkt.[57] Die Demokratie will erfahrungsgemäss schroffe Mehrheitsentscheidungen vermeiden. Sie strebt breite Akzeptanz an.

---

57 Die Bundesverfassung (Art. 174 ff. BV) erwähnt das Konkordanzprinzip nicht. Es handelt sich um ein ungeschriebenes Prinzip im Sinne einer politischen Vernunftregelung. Die Verfassung konstituiert den Bundesrat (Regierung) vielmehr als Kollegialorgan und sagt von

Der Grundkonsens als «extrakonstitutionelles politisches Phänomen»

Eine kritische, aber durchaus realistische Vorfrage bleibt: *Bedarf es in der morgigen Welt noch der nationalen Staaten mit ihren Verfassungen als oberste Rechtsgrundlage – in Vielfalt bei hoher Grundsätzlichkeit?* Oder werden sie durch Grossmächte aufgrund von wachsenden Abhängigkeiten relativiert, ferner auch durch weltregionale wirtschaftliche oder sicherheitspolitische Bündnisse mit realen Macht- oder Werthaltungsansprüchen faktisch oder de iure in ihrer Souveränität derart eingeschränkt oder allenfalls sogar absorbiert? Ist es sogar vorstellbar, dass vor dem Hintergrund einer globalen Wirtschaft eine Weltordnung auf der Basis von Mächtigen entsteht, die mit dem klassischen nationalen Staatenverständnis nichts mehr zu tun haben? Vorstellbar ist diese Sicht, doch sinnvoll ist eine solche Vision der Herrschaft des Stärksten nicht, weil ihr die so elementare Komponente der Menschennähe und also der Kultur als geistiges Kapital fehlen würde. Eine heimatlose Welt ist keine humane! Dieses Defizites wegen darf die geschilderte negative Sicht nicht aufkommen und schon gar nicht reüssieren.[58] Auf der anderen Seite müssen die demokratischen Rechtsstaaten ihren Nationalis-

---

ihm: «Der Bundesrat entscheidet als Kollegium» (Art. 177 Abs. 1 BV). Der Bundesratspräsident resp. die Bundesratspräsidentin ist der resp. die Verhandlungsleiter/in. Er/sie verfügt über kein Weisungsrecht und gilt als primus inter pares.

Zum Konkordanzprinzip, das für Regierung und indirekt auch für das Parlament nach einer politisch breiten Abstimmung ruft, siehe, im Sinne seiner Bedeutung für die Regierung, *Huber-Hotz Annemarie*, Grundkonsens als Basis wechselnder Koalitionen, Schweizerische Monatshefte, Ausgabe 931, Februar 2004; siehe ferner dazu die diversen Werke von Wolf Linder zu den Institutionen der schweizerischen Demokratie, u.a. auch zum Konkordanzprinzip. Adrian Vatter, ebenfalls Politikwissenschaftler, der sich seinerseits mit den helvetischen Gegebenheiten befasst, hält Wolf Linder vor, er überschätze die Bedeutung dieses Prinzips. M.E. kann man es auch unterschätzen. Es spielt dieses faktisch eine grössere Rolle als ihm ein ungeschriebenes nicht formelles verfassungsrechtliches Institut zukommt, zumal sich in ihm Mehrheitsfestigungen, Minderheitenschutz und Referendums- und Initiativvorahnungen beggnen und also die politische Debatte auf Regierungs- und Parlamentsstufe bereichert. Der Einwand, das Konkordanzprinzip behindere Reformen, kann allerdings beobachtet werden, vor allem dann, wenn es um Regierungs- und Parlaments- sowie um Demokratiefragen geht. Nochmals: Die Bundesverfassung handelt einzig vom «Kollegialitätsprinzip» und ruft auf zu einer Berücksichtigung der Landesgegenden und Sprachregionen bei den Wahlen in den Bundesrat auf, was breiter verstanden in die Richtung des Minderheitenschutzes verweist (Art. 174 ff. BV). Insofern ist das Konkordanzprinzip kein «Fremdling» der Verfassung, auch wenn das Prinzip – eine politische Klugheitsregel – nicht als ungeschriebenes Verfassungsrecht eingestuft wird.

58 Siehe dazu *Saladin Peter*, Wozu noch Staaten? Zu den Funktionen eines modernen demokratischen Rechtsstaats in einer zunehmend überstaatlichen Welt, Bern/München/Wien 1995.

mus zurückfahren und sich als derart weltoffen erweisen, dass eine Welt gedeihe, die ihre Verantwortung gegenüber den Menschen wahrnimmt, im Minimum verbunden mit einem Weltethos, das Frieden, Freiheit und Gerechtigkeit letztlich dem Recht anvertraut.

Denkbare Ansätze für einen allgemein gehaltenen gesellschaftlichen Grundkonsens lassen sich gemäss dem hier zum politischen Gesagten erahnen. Entscheidend ist ohnehin nicht, wie sich der Grundkonsens definiert darbietet, sondern dass inhaltlich über die politische respektive gesellschaftliche Grundhaltung als Grundkonsens diskutiert wird und dass sich diese Gefässe gleichsam anhaltend aufrechterhalten lassen: vom Ansatz und vom Ziel her, sei es im Bewusstsein oder im Unterbewusstsein, über die Zeiten hinweg. Unsere, hier erläuterte Präferenz für den politischen Grundkonsens könnte auch als Voraussetzung oder Folgerung des gesellschaftlichen abgehandelt werden. Das Element der Kohäsion bietet sich als Brücke an. Den gemeinsamen Berührungspunkt bildet die Zivilgesellschaft, in welcher der Gundkonsens gedeihen muss.

Perspektiven zum Bedeutungszuwachs des politischen Grundkonsenses oder umgekehrt zur Minderung der Fähigkeit zum Grundkonsens sind schwer zu entwerfen, vor allem deshalb, weil in einer heterogener werdenden Gesellschaft – allein schon die aktuellen Zuwanderungen machen dies klar – die ursprünglichen Identifizierungsfähigkeiten hin zu sinnvollen gesellschaftlichen und politischen Grundübereinstimmungen über alles gesehen eher ab- denn zunehmen.

Je grösser der Anteil der Zugewanderten wird, desto länger dauert das Verharren in tradierten Strukturen der eigenen Kulturwelten an, sei es bei den Hiesigen, sei es bei den Neuzuzügern. Die Öffnungsbereitschaft sinkt tendenziell hier wie dort, zunächst unmerklich, dann spürbar bis hin zu gruppendynamischen Präsenzen und dominant geprägten Quartieren. Eine positive Einbürgerungspraxis, die theoretisch hilfreich sein könnte, wird durch die reale Möglichkeit der Doppelbürgerschaft und das Einräumen von örtlicher Stimmbeteiligungen an ansässige Ausländer mindestens relativiert. Vollwertigen Identitätsentscheidungen mit den vor Ort gegebenen Kulturbedingungen könnte ausgewichen werden. Auch aufseiten der helvetischen Bevölkerung könnten sich negative Kräfte auftun, zumal die Verantwortung gegenüber den vor Ort gegebenen Sitten und Gebräuchen bei den Zugewanderten liegt, aber zu oft nicht bewusst gesucht wird. So besehen: Es bedarf morgen und übermorgen auf alle Fälle grösser werdender Anstrengungen, den politischen Grundkonsens und die Chancen des Sich-Engagierens zu verbreitern und immer wieder neu zu beleben, mindestens innerhalb der Strukturen der Zivilgesellschaft. Noch besser aber mit ansteckender Ausstrahlung auf die Zivilgesellschaft als solche! Voraussetzung ist der gute Wille allerseits.

Der kritische Punkt ist und bleibt die *Neigung zum Individualismus*. Viele Indikatoren weisen darauf hin. Etwa dort, wo das Verpflichtende des Familiendaseins relativiert wird, wo das zelebrierte ichbezogene Freizeitleben das Gemeinschaftsfördernde des arbeitsteiligen Berufslebens zu überwiegen beginnt, vor allem auch dort, wo die Innovation zugunsten der Gemeinschaft die Lebenserfüllung in Beruf *und* Familie gegenüber dem Egozentrischen zurücktreten. Selbst das Milizsystem in der Doppelspur von Eigenleben und öffentlicher Aufgabenerfüllung zulasten der letzteren der beiden so wichtigen Funktionen wankt. Der Privatmann, der sich parallel für das Öffentliche bereithält, widmet sich zunehmend vordringlich sich selbst und seinem Eigennutzen zu, wie wenn das Öffentliche nicht ein Gemeingut wäre, das nach unserer Mitverantwortung ruft.

Wie dem auch sei: Dem Grundkonsens mangelt die Frischluft aus privater Quelle zugunsten des Gemeinsinns, ausgedrückt als Grundübereinstimmung im Elementaren, Zentralen, im Grundsätzlichen der staatlichen Gemeinschaft des Unabdingbaren. Das Gemeinwohl kommt tendenziell, im Vergleich mit der Kategorie des Eigensinns, in unserer Zeit zu kurz. Dabei geht es nicht darum, den einen Ansatz gegen den anderen auszuspielen. Im Rahmen unseres Besinnens auf den Grundkonsens, seine zivile Herkunft sowie seine Zielsetzung der grösstmöglichen Einigkeit im elementar Grundsätzlichen wäre es allerdings fragwürdig, nicht auf die wachsende Sorge des Heranbildens des Grundkonsenses zu verzichten. Diesen im politischen Bereich zu wecken, ruft nach erhöhten Anstrengungen – vor allem der sogenannten Eliten. In der Schweiz war es nicht selten an den Dichtern und den Philosophen, den Grundkonsens anzumahnen, wenn auch nicht unter diesem Stichwort, aber doch mit unerlässlicher Intensität in Richtung des Gemeinsinns, sich dem Grundsätzlichen zu widmen: Huldrich Zwingli, Heinrich Pestalozzi, Henri Dunant, Jacob Burckhardt, Carl Spitteler, Karl Barth, Karl Jaspers, Karl Schmid, Zaccaria Giacometti, Kurt Furgler, Friedrich Dürrenmatt, Jean François Bergier, Adolf Muschg, Kaspar Villiger usw., wobei der Zweitletzere mit seiner Formulierung der Präambel für einen der Entwürfe einer neuen Bundesverfassung (von 1977[59]) – mit Nachhall bis in die Verfassung von 1999 hinein – eine qualifizierte Leistung erbracht hat.[60]

Neben dem Grundkonsens mag sich aus politischer Optik noch die Notwendigkeit eröffnen, *spezifische Teilkonsense* in die Politikgestaltung zu integrieren, beispielsweise einen sicherheits-, einen aussen- oder einen klimapolitischen Konsens. Der Sinn liegt darin, schwer fassbaren Politikbereichen eine materielle Grundausrichtung zu unterlegen, die eine sachgerechte, abgestimmte Politikentfaltung und eine entsprechende Gesetzgebung erlauben soll. Für die Sicherheitspolitik stünde

---

59 Der Wortlaut der Präambel lautet in der von der Expertenkommission genehmigten Fassung:
    «*Im Namen Gottes des Allmächtigen!*
    Im Willen, den Bund der Eidgenossenschaft zu erneuern:
    Gewiss, dass frei nur bleibt, wer seine Freiheit gebraucht,
    und dass die Stärke des Volkes sich misst am Wohl der Schwachen;
    eingedenk der Grenzen aller staatlichen Macht
    und der Pflicht, mitzuwirken am Frieden der Welt,
    haben Volk und Kantone der Schweiz die folgende Verfassung beschlossen:»
60 Die Auswahl der Namen ist fragwürdig, dies ist mir bewusst. Sie machen aber deutlich, wie wichtig es ist, dass sich die herausragenden Köpfe bemühen, in Richtung von Komponenten des Grundkonsenses zu wirken. Auffallend ist dabei, dass die Frage der Ethik politikrelevant wird. So etwa in Emil Brunners Werk über die Gerechtigkeit. Ich verweise zusätzlich auf: *Allemann Fritz René*, Grosse Schweizer sehen sich selbst, Zürich 1966; *Bonvin Jean-Michel, Kohler Georg, Sitter-Liver Beat (Hrsg.)*, Gemeinwohl-Bien commun, Ein kritisches Plädoyer, Fribourg 2004; *Barth Karl*, Im Namen Gottes des Allmächtigen, Gwatt 6. Juli 1941; *Brunner Emil*, Gerechtigkeit, Zürich 1943. *Larese Wolfgang, Lendi Martin, Linder Willy (Hrsg.)*, Ethik als Maxime, Bern 2000; *Avenir Suisse, Horn Karen, Schwarz Gerhard*, Der Wert der Werte, Über die moralischen Grundlagen der westlichen Zivilisation, Zürich 2012; *Küng Hans, Kuschel Franz Josef, Riklin Alois*, Die Ringparabel und das Projekt Weltethos, Göttingen 2010.

die Klammer um Armee und Polizei im Vordergrund,[61] für die Aussenpolitik jene um weltweite Interessenwahrung, Vermittlungs- und Problemlösungsfunktionen unter Wahrung der Neutralität[62] und für den Klimaschutz jene um die nationalen und internationalen Bemühungen, die sachlich breit sowie international ermutigend exemplarisch zu ergreifen wären.[63] Allerdings dürfen diese Teilanliegen *das Grundsätzliche des Grundkonsenses nicht relativieren.* Dieser ist als elementar unumgänglich – staatsprägend und -erhaltend – einzustufen und mithin vordringlich zu pflegen, auch wenn dies schwieriger zu sein scheint, als dies in den konkreteren Teilbelangen von brennender Aktualität der Fall sein könnte. Damit soll aber das Zusätzliche der Teilkonsense nicht bagatellisiert werden. Es kann seine Bedeutung finden, aber abseits des für den Staat, die Verfassung und die allgemeine Gesetzgebung so gewichtigen Grundkonsenses.

Die Summe der bisher geäusserten Gedanken weist in Richtung der Erforderlichkeit, jedenfalls der Wünschbarkeit eines Grundkonsenses.

---

61 Die *Sicherheitspolitik* ist für jeden Staat zentral – nach innen und nach aussen. Sie reicht von der persönlichen Sicherheit bis zu staatlichen, von der polizeilichen bis zur militärischen, von der bündnisfreien bis zur bündnisgebundenen. Ihre Kernpunkte sind die Rechtssicherheit und Gewährleistung der Sicherheit als öffentliche Aufgabe, als eine der elementaren Herausforderungen des Staates in Respekt vor der Freiheit der Bürgerinnen und Bürger sowie vor deren Grundrechten. Siehe dazu: *Häsler Sansaro Georg,* Nicht richtig Krieg, auch nicht wirklich Frieden, NZZ vom 13. August 2021, S. 8/9.

62 Die klassische Definition der *Aussenpolitik* unterstreicht das Wahren der nationalen Eigeninteressen. Diese enge Sicht reicht nicht mehr hin. Es geht heute parallel und diese relativierend auch um das Meistern nachbarlicher sowie globaler Probleme, sei es aus nationaler Warte heraus oder sei es eingebunden in regionale (EU usw.) oder gar im Rahmen weltweit agierender Organisationen (UNO usw.). Für die Schweiz stellt sich die doppelte Frage nach der Wahlfähigkeit und Wahlbereitschaft in den Sicherheitsrat der UNO und der Ausweitung des aussenpolitischen Auftrags in Richtung ihrer Kompetenzgebiete von Demokratie, Rechtsstaat, Bildung, Ausbildung, Technologie, Digitalisierung, Informatik usw. Siehe zur Aussenpolitik: *Arbeitsgruppe «Aussenpolitische Vision Schweiz 2028»:* Die Schweiz in der Welt 2028, Zürich 2019 (Bericht zuhanden von Bundesrat Ignazio Cassis).

63 Hinsichtlich der *Klimapolitik* ist das Doppel nationaler und internationaler Problembewältigung ausschlaggebend. Insbesondere spielen Wissensverbreitung und Technologieangebote eine grosse Rolle. Dass sich Konzeptionelles und Programmatisches sowie Beispielhaftes verbinden müssen, ist ultimativ zu fordern, denn die Welt als solche, vertreten durch die Nationen und die internationalen Organisationen, steht in der Pflicht. Ob mit Geboten, Verboten, Lenkungsabgaben oder technologischen Leistungen gearbeitet werden soll, ist offen. Der Autor zieht technologische Fortschritte als weltweiter Ansporn vor.

VIII. Gedankenskizze zum politischen Grundkonsens – eine Annäherung

Um den Grundkonsens als Phänomen besser zu verstehen, trete ich nun auf die ihm eigenen Elemente gesondert ein, verstanden als Versuch einer exemplarischen Äusserung erläuternder Art, ohne Anspruch auf einen ausreichend rechtsethisch und rechtspolitisch bedachten und im Diskurs begründeten konkreten, gar existenziellen angedachten Grundkonsens zu erheben. Dieser muss eigengesetzlich in einer konkreten Zivilgesellschaft entstehen und durch sie permanent tragfähig gehalten werden, über Zeiten hinweg, moduliert vor dem Hintergrund konkreter Umstände.

Es geht hier also einzig um den Nachweis, dass ein Grundkonsens diskursfähig gemacht werden kann – in dieser oder jener Art, mit politikreifen und mehrheitsfähigen Ansprüchen an den Gesetzgeber, insbesondere an den Verfassungsgesetzgeber. Ob er zustande kommt, hängt von der Zivilgesellschaft ab, ob sie den Diskurs aufnimmt und ob es eine Elite gibt, die darauf drängt – mit Nachdruck und mit Offenheit für die Gesellschaft als Ganzes.

1. Das Grundkonsens-Element der Demokratie

Die schweizerische Demokratie lebt – äusserlich gesehen – von obligatorischen und fakultativen Referenden, vom Ergreifen von Initiativen sowie von durchzuführenden Wahlen, sei es nach Proporz- oder gemäss Majorzverfahren, dem Stimmenmehr als Wahlentscheidung. Hinter diesen Vorgängen stehen nicht behördliche Ad-hoc-Anordnungen, sondern die politischen Rechte der Bürgerinnen und Bürger und die Regelung, wonach bei Volksabstimmungen zustimmende oder ablehnende Mehrheiten das entscheidende Sagen haben – auch zur Frage, wer gewählt oder eben nicht gewählt wird, ist bei Majorzwahlen evident, nuanciert anders im Proporzverfahren, bei dem die Stimmkraft einer Partei zum vorentscheidenden Faktor wird.[64] Interessanterweise wird im Vorfeld und vor allem im Nachgang bei Sachabstimmungen und Gesetzesreferenden immer wieder erwogen, welche Bedeutung den Minderheitsanliegen zukomme – längerfristig ausgeholt. Sie können in ausführenden Gesetzen respektive Verordnungen in Akzenten oder Nebenpunkten sogar anklingen. Aber im Kern bleibt es dabei, dass das Mehrheitsprinzip den gültigen Staatswillen markiert, auch bei knappen Resultaten.[65]

Hinter Abstimmungen und Wahlen sowie deren Ergebnissen kommen *Konsens und Dissens* als Mehrheitskonsens und Minderheitsdissens deutlich zum Ausdruck – politisch gewinnbringend, wenn sie beide konstruktiv angelegt sind, also aus Sachbelangen keine parteiischen Prinzipienfragen machen. Den Ersteren wird Achtung entgegengebracht, weil sie, wesensmässig vorausgesetzt, zur Demokratie gehören.[66] Die Gewissheit, dass sich in die Zukunft hinein weitere Änderungen der Fakten und der politischen Gewichtungen einstellen können, bleibt in einer offenen Gesellschaft und in einer gegenüber Rechtsänderungen offenen Verfassung ohnehin stets gewährleistet. Die Demokratie nimmt eben unentwegt ihren Fortgang. Sie erlaubt also den Bürgerinnen und Bürgern ein wiederkehrendes Neueinbringen ihrer politischen Stimmkraft. Dieser Umstand relativiert das Mehrheitsprinzip. Der Mehrheit oder Minderheit anzugehören, setzt allerdings politische Fähigkeiten

---

64 Die Majorzwahl ist auf Bundesebene vorgesehen für Wahlen in die Regierung (Bundesrat), wie sie auch auf kantonaler die Regel bildet. Das Proporzwahlsystem (Parteienproporz) gilt für die Nationalratswahlen und in die in die kantonalen Parlamente. Bei den Wahlen in den Bundesrat ist auf die Landesgegenden und die Sprache angemessen Rücksicht zu nehmen (Art. 175 Abs. 4 BV).

65 Siehe dazu – im Sinne einer Übersicht – «Demokratie und Rechtsstaat, Festschrift zum 60. Geburtstag von Zaccaria Giacometti, Zürich 1953, gleich auch zum Thema «Rechtsstaat». Eingehend zur Staatsform der Demokratie: *Haller Walter, Kölz Alfred, Gächter Thomas*, Allgemeines Staatsrecht, a.a.O., S. 64 ff., S. 147 ff., S. 153 ff. Bezüglich des minimalen Grundkonsenses (Basiskonsens), im Sinne der demokratischen Gerechtigkeit, gemäss *Müller Jörg Paul,* a.a.O., S. 72 f.

66 Siehe dazu *Müller Jörg Paul,* Versuch einer diskursethischen Begründung der Demokratie, in: Haller Walter, Kölz Alfred, Müller Georg, Thürer Daniel (Hrsg.), Im Dienst an der Gemeinschaft, Festschrift für Dietrich Schindler (d. J.) zum 65. Geburtstag, Basel 1989, S. 617 ff.; *Lendi Martin,* Konsens – Fähigkeit zum Dissens, in: Recht als Prozess und Gefüge, Festschrift für Hans Huber zum 80. Geburtstag, Bern 1981, S. 487 ff.

voraus: Mehrheitsentscheidungen nicht zu überziehen und Minderheitsmeinungen – so die mehrheitlich getroffenen Entscheidungen akzeptiert werden – zu respektieren! Und nicht zuletzt: Volksentscheide kommen stets nur unter Beachtung des geltenden Rechts zustande. Die Demokratie bedarf zwingend des Rechts und des Rechtsstaates. Diese sind optimal aufeinander ausgerichtet, wenn sie die Demokratie als einen voranschreitend politischen Prozess rechtlich erfassen und ausgestalten.

Eine auf der Hand liegende Frage darf erahnt und gestellt werden: Verbirgt sich hinter dem offenkundig werdenden Doppel von Konsens und Dissens inmitten der verfassten Demokratie sogar eine akzeptierte Komponente des *Grundkonsenses*? Nicht undenkbar, zugunsten der Demokratie in ihrer Vielgestaltigkeit und Praktikabilität. Der Grundkonsens, wenn es ihn gibt, hätte in diesem Sinne wohl auch die Funktion des stärkenden Zutrauens in die rechtlich gegebenen Institutionen und Instrumente der Demokratie auf der Basis des Mehrheitsprinzips.

Nicht unwichtig ist ein weiterer Akzent: Die schweizerische Demokratie ist gekennzeichnet, im Gegensatz zu ihrem konservativen Ruf, durch einen starken politischen Wandel aufgrund der realitätsbezogenen Wahrnehmung des sozioökonomischen, technologischen und ökologischen Geschehens – erkennbar auf den drei Ebenen des Staates Bund, Kantone und Gemeinden, sogar mit einer neuen Stossrichtung in Richtung der Städte, Agglomerationen und Metropolitanräume mit teilweise markant internationalen Bezugsfeldern. Dieses Bild führt zur Frage, wieweit der Grundkonsens gegenüber den werdenden funktionalen Räumen mithalten kann. Die geltende Verfassung setzt den Akzent auf die geschichtlich gewordenen Gebiete, die Raumplanung denkt hingegen bereits im Doppel von Gebieten und funktionalen Räumen.[67]

---

[67] Gebietsreformen werden von Zeit zu Zeit zum politischen Thema. Aktuell steht die Gemeindeebene im Vordergrund. Die Zahl der Fusionen nimmt zu, jene der Gemeinden ab. Auf Bundesebene: Abgetrennt vom Kanton Bern steht der jüngste Kanton Jura als eigenständig im Vordergrund. Es sind im Übrigen vor allem die grösseren Städte, die in ihren Kantonen als Gemeinden konstituiert sind, die um grössere Aufmerksamkeit durch die Eidgenossenschaft buhlen. Keine eigentlichen Gebietsreformen bringen die funktionalen Gliederungen nach Regionen, Agglomerationen, Metropolitanräumen mit sich; sie spielen aber räumlich eine grösser werdende Rolle.

Gedankenskizze zum politischen Grundkonsens – eine Annäherung

Der Grundkonsens bedingt Klärungen. Er kann nur mithalten, wenn die funktionalen Räume mindestens minimale Governance-Strukturen annehmen und deren Verhältnis zu den Gebieten mit Einschluss von Kompetenzen und der Verantwortung für Demokratie, Rechtsstaat und Kohäsion geklärt sind. Gebietsreformen betreffen derzeit vor allem die Ebene der Gemeinden. Von Fusionen ist dabei primär die Rede, sogar in der Grösse von an sich überörtlichen Regionen.

Unumgänglich ist ferner ein weiterer Hinweis in Richtung der verfassungsmässigen Rechte als Ausdruck der allen Menschen zustehenden Grundrechte: Sie müssen, vor allem auch als politische Rechte, konstant gewahrt bleiben – nie nur ad hoc gewährt oder ad hoc verweigert werden.[68]

Über das Rechtliche hinaus sind rechtspolitische, soziale sowie gesellschaftliche Aspekte für das Bestehen der Demokratie nicht unwichtig. Die unumgänglichen sozialen und wirtschaftlichen Unterschiede zwischen den Menschen sollten – so oder so – nicht ausgelebt werden. Auf alle Fälle müssen das Steuer- und das Sozialversicherungsrecht die Disparitäten konstruktiv berücksichtigen. Nichts zu rütteln ist ohnehin am verfassungsrechtlichen Massstab der Würde aller Menschen, die sich unter anderem an der gleichen Stimmkraft für jedermann spiegelt. Eine kluge Sozialpolitik macht Sinn, sogar mit Blick auf die Demokratie und deren Bestand.[69]

---

68 Die Abweichungen zum Gedankengang von Jörg Paul Müller, der sich als einer der wenigen schweizerischen Autoren explizit mit dem Grundkonsens befasst, besteht darin, dass ich diesen auf die Rechtsstaatsidee und die staatliche Gemeinschaft ausgedehnt wissen möchte. Verwandt sind hingegen die Gedankengänge, der Grundkonsens setze die Würde der Menschen voraus und bedinge die Konkretisierung durch Verfassung und Gesetze. Neben der Würde der Menschen scheint mir die Freiheit als weitere Voraussetzung wichtig. Siehe zu den Reflexionen von Jörg Paul Müller das zit. Grundlagenwerk: *idem*, Demokratische Gerechtigkeit, München 1993, S. 20 ff. Zu würdigen ist: In seinem Werk geht es vorweg um die Demokratie. Er fasst dabei den Begriff des Grundkonsenses allerdings ausholender, weil ihm letztlich die Nähe von Politik und Recht, von Zivilgesellschaft und Verfassung/Rechtsordnung wichtig ist. Ich achte demgegenüber auf den innersten Kern des Grundsätzlichen, der helfen muss, Demokratie, Rechtsstaat und Kohärenz selbst bei rechtsimmanenten Mängeln, wie dem Mehrheitsprinzip, zu bejahen und zu gewährleisten.

69 Art. 8, 41 ff., 108 ff. BV.

Welcher Ansatz zu einem Grundkonsens in Sachen Demokratie vorgeschlagen oder im Diskurs erörtert werden mag, ihn zu definieren ist wohl heikel, weil zu präzisierende Begriffsbestimmungen zum Erstarren verleiten, was einem inspirierenden Grundkonsens nicht passieren darf. Auch mit einem zu stringenten Ausloten werden die offenen Fragen eher noch zahlreicher. Es drängt sich deshalb wohl die Folgerung auf, dass für die Demokratie jener Grundkonsensakzent entscheidend sein könnte, der die Probleme, die der Demokratie anhaften, erkennbar macht, sie andauernd im Diskurs wachhält und sukzessive überwindet.

2. Das Grundkonsens-Element des Rechtsstaates

So elementar die Rechtsstaatsidee[70] ist, auch hinter ihr muss sich ein Grundkonsens auftun, der sich ihrer annimmt und dafür besorgt bleibt, dass Idee und Struktur des Rechtsstaates in der vorrangigen «Unverbrüchlichkeit der Verfassung»[71] erhalten bleiben bis in ihre Detaillierungen hinein: Herrschaft des Rechts, Rechtssicherheit, Grundsätze des staatlichen Handelns, Bewahrung der Grundrechte, Gewaltentrennung, richterliche Unabhängigkeit.[72] Die Rechtsstaatsidee gründet in der Vernetzung von Staat, staatlicher Macht und staatlichem Handeln auf der Basis des Rechts, das seiner Idee nach dem Frieden, der Freiheit und der Gerechtigkeit zudient und deshalb parallel zwingend der staatliche Macht Grenzen setzt. Die immanente Gefährdung des Rechtsstaates

---

70 Zum Rechtsstaat – und zur Demokratie siehe *Haller Walter, Kölz Alfred, Gächter Thomas*, Allgemeines Staatsrecht, a.a.O., S. 147 ff. (Rechtsstaat) resp. S. 64 ff. (Demokratie), S. 153 ff. (Rechtsstaat und Demokratie).

71 Dieser Ausdruck stammt von Zaccaria Giacometti. Er unterstreicht damit die erhöhte Gesetzeskraft der Verfassung zulasten resp. zugunsten der Bindung des einfachen Gesetzgebers an die Verfassung: *Giacometti Zaccaria*, Allgemeine Lehren des rechtsstaatlichen Verwaltungsrechts, Zürich 1960, S. 23.

72 Die Literatur zur Rechtsstaatsidee ist unendlich. Der Einfachheit halber sei auf die Einleitung zum rechtsstaatlichen Verwaltungsrecht von Zaccaria Giacometti verwiesen: *Giacometti Zaccaria*, Allgemeine Lehren des rechtsstaatlichen Verwaltungsrechts, Zürich 1960, S. 1 ff. Die Rechtsidee des Rechtsstaates lässt sich dahin gehend zusammenfassen, dass der Staat der Herrschaft des Rechts unterworfen ist. Seine Macht wird durch das Recht geschaffen und beschränkt. Materiell stehen die Grundrechte im Sinne der Freiheit vom Staat und in jenem des aktiven politischen Mitwirkens im Vordergrund, formell dominieren die erhöhte Geltungskraft der Verfassung, die Gewaltenteilung und das Legalitätsprinzip.

kommt dort auf, wo die mit einhergehende Verbindlichkeit des Rechts zu weichen beginnt oder verniedlicht wird. Ferner dort, wo die staatliche Macht vom Recht abhebt und nach Eigendynamik verlangt. Die Rechtsstaatsidee beinhaltet aus solchen Gründen heraus eine Dauerverpflichtung.

Das Rechtsstaatliche ist durch das Geltendmachen im Grundkonsens anzumahnen. Es ist sogar zu gewährleisten und also permanent ins Bewusstsein der Öffentlichkeit, der Politik im Allgemeinen und der Verfassungspolitik im Besonderen zu rücken, auf dass es nicht entgleite. In diesem Sinne müsste vor und hinter jedem Staat dieses Grundkonsens-Element stehen, und zwar mit dem Akzent: auf Dauer! – möglicherweise, vereinfacht ausgedrückt, in einem formulierten Grundkonsens der anhaltenden Verantwortung für den Rechtsstaat und die Demokratie.

Dass der verfasste Staat seinerseits diverse Vorkehrungen zu treffen hat, auf dass der Wille zum Rechtsstaat nicht nachlasse, versteht sich. Nicht falsch ist es also, zusätzlich die Legitimität des Rechtsstaates in seiner Bedeutung für die Bürgerinnen und Bürger, ja für die Öffentlichkeit zu betonen, sogar wiederholt. Parallel ist die geistige Bereitschaft der Politik anhaltend aufrechtzuerhalten, den Rechtsstaat in den Gefährdungsbereichen zu stärken. Und die Zivilgesellschaft tut gut daran, das Verständnis für den Rechtsstaat wachzuhalten, was nicht einfach ist, weil das Rechtsstaatliche nicht per se allgemein vertraut und plausibel ist, denn der Rechtsstaat als solcher hat keine hauseigenen Fürsprecher in eigener Sache, und es gibt dafür auch kaum Lobbyisten, verglichen mit der Demokratie, die in aller Leute Munde ist. Eine kritisch-konstruktive Funktion kommt allerdings der Verfassungs- und Verwaltungsgerichtsbarkeit sowie dem Rechtsgewissen und Rechtsbewusstsein des Parlamentes und der Inhaber der politischen Rechte zu – der Bürgerinnen und Bürger. Sie müssen den Grundkonsens aufbauen, adoptieren und lancieren.

Denkbar ist es, jene inneren Elemente der Rechtsstaatsidee dem Grundkonsens zuzuordnen, die aktuell oder auf absehbare Zeit besonders gefährdet sind respektive sein könnten, und zwar durch die sich ausdehnende staatliche Macht sowie die Aufgabenfülle, die Menschen vom Staat wirtschaftlich, sozial und geistig abhängig machen, statt sie zur Mündigkeit und Selbstverantwortung zu berufen. Der Drang in Richtung staatlicher Daseinsvorsorge könnte (erneut?) verhängnisvoll werden. In diesem Sinne ist es beispielsweise naheliegend, die Grundrechte im Sinne der Freiheit vom Staat, oder deren Wesenskern, allenfalls zum Mitinhalt des Grundkonsenses zu erheben. Letztlich aber geht es um das innere Element des Konstitutiven der Verfassung, die das rechtsstaatliche Fundament des Staates sichert und bewahrt. Dazu gehört der Schutz der Freiheit, der dem Staat genauso anvertraut ist wie das Bedenken und wirkungsvolle Erfüllen der erforderlichen, geeigneten und gesetzlich angeordneten öffentlichen Aufgaben auf der Basis angemessen tragbarer solider Finanzierungen. Beide Dimensionen sind wichtig, der Schutz der Freiheit sogar vorrangig, auch wenn die Aufgabenerfüllung zu dominieren droht.

Elementar verbunden mit dem Rechtsstaat ist die Rechtssicherheit, sogar die Beständigkeit des Rechtsstaates. Und diese setzt wiederum auf die Rechtsordnung als permanente Herausforderung. Der Grundkonsens impliziert in diesem Sinne die Aufrechterhaltung des Rechtsfriedens, was das anhaltende Schlichten von Divergenzen bedingt. Und nicht zuletzt: Der Rechtsstaat lebt vom Frieden zwischen den Staaten im Rahmen des – so möge es sein! – Frieden stiftenden Völkerrechts, mindestens geprägt durch eine globale Sicherheitspolitik, die um die Verantwortung für diese Welt weiss.

3. Das Grundkonsens-Element der Kohäsion

Das dritte Element des Grundkonsenses gilt der Sorge um die innere und äussere Kohäsion der staatlichen Gemeinschaft, also im Sinne jenes Zusammenhalts, der den Bestand und die Beständigkeit, geistig und sachlich, eines Landes auszeichnet, nach innen und nach aussen.[73]

---

73 Siehe dazu beispielsweise – unter ausdrücklicher Bezugnahme auf den Grundkonsens – *Köppel Thomas*, Droht ein Verlust der nationalen Kohäsion?, in: Bulletin zur schweizerischen Sicherheitspolitik, Jahrgang 1994, Zürich 1994, S. 13 ff., Forschungsstelle für Sicherheitspolitik und Konfliktanalyse an der ETH Zürich.

Gedankenskizze zum politischen Grundkonsens – eine Annäherung

Divergenzen können sich aus vielen Gründen ergeben, doch die Kohäsion ist dann elementar gefährdet, wenn es an der Substanz des Gemeinsamen mangelt. Auch bezüglich dieser Dimensionen ist es vorweg an der geltenden Verfassung, die Strukturen und die Handlungsfreiheiten der Landesteile, der Bevölkerungsgruppen und der Meinungsträger derart zu begünstigen, dass sie ihr bewahrendes und bewährtes Selbstverständnis im Verbund mit der Gemeinschaft leben können, ohne dass es zu Ab- und Ausgrenzungen sowie darüber zu Auseinandersetzungen kommt.

Doch: Auch solche Vorgaben können nicht ausschliessen, dass im Zuge zentralistischer staatlicher Tendenzen oder des Abbaus sozialer Bande und/oder als Folge ökonomischer Brüche Disparitäten aufbrechen, die mindestens sub specie der Kohäsion nach Gegenmassnahmen rufen. Besonders heikel sind Überlagerungen kleinerer Kultureinheiten durch überhöhte Zuwanderungen und durch das vorauseilende Wachstum der Urbanisierung, sodann der Agglomerationen und Metropolitanräume. Nicht minder ins Gewicht fallen Keime des sich steigernden Individualismus, der Urbanisierung mit beengenden Wohnverhältnissen, der Verluste an gegenseitigen Kontakten und des Schmelzens des Kulturbewusstseins innerhalb des eigenen Landes und seiner Feinstrukturen. Vor allem könnten proklamierte grössere Gebiets- und Bevölkerungsveränderungen das innere Gleichgewicht belasten.[74]

Um dies alles meistern zu können, bedarf es eines subtil-bedachten Elementes des Grundkonsenses zugunsten des Zusammenhalts des Landes und seiner Teile, verbunden mit Umsicht, Verständnis sowie stets mit dem Ziel des Bewahrens des nationalen Rahmens sowie der föderativen Gliederungen der staatlichen Gemeinschaft. Ohne Struktur gibt es keine Kohärenz!

Das Element der Kohäsion dient vorweg geistigen Vorgaben zu. Und doch sind sie von der Vermutung begleitet, alle hier erwähnten sozio-

---

74 Die langwierige Geschichte um die Gründung des Kantons Jura signalisiert, was gemeint ist. Gefordert war in jener Situation das konstruktive Abwägen zwischen Intervenieren und helfendem Ausgleichen (Art. 1 BV).

Gedankenskizze zum politischen Grundkonsens – eine Annäherung

kulturellen Diversitäten seien sich auch im Institutionellen nahe, weil sie sich dem Zusammenleben im Staat zuordnen lassen und gegenseitig helfen, die Schwierigkeiten mit den bewährten Instrumenten der Kooperation zu überwinden – bis und mit dosierten progressiven Steueransätzen und differenzierten Sozialbeiträgen sowie tragbaren Versicherungsprämien, aber doch primär durch ein emotionales Klima der gegenseitigen Hochachtung, der menschlichen Würde, des Gemeinwohls und der Caritas. Die Summe dieser Faktoren gipfelt in einem wachen Sinne für Minderheiten, der seinerseits, politisch gewichtet, ins Konkordanzprinzip mündet, das für die Schweiz parallel zur Mehrheitsdemokratie prägend war und ist, so für die Regierung – konstituiert nach dem Kollegialitätsprinzip – und als Vorwirkung auf Referenden. Es tendiert dahin, einen möglichst grossen Kreis der Bevölkerung in das gesellschaftliche Geschehen einzubeziehen.[75] Sie wird auch als Konsensdemokratie des bleibenden Zusammenhalts und der Solidarität angesprochen. Als solche kann sie von einem erweiterten Grundkonsens her verstanden werden. Doch betrifft diese nicht den Grundkonsens im hier verstandenen Sinne der Aufforderungen an den Gesetzgeber, Demokratie, Rechtsstaat und Kohäsion bleibend zu etablieren – inspiriert aus der Zivilgesellschaft heraus!

Die willenspolitische Nation Schweiz bedarf neben der menschlichen Komponente der Kohäsion zusätzlich der föderativen der Interaktionen zwischen den Gliedstaaten sowie gegenüber dem Bund und den Gemeinden, die Letzteren sogar ausgerüstet mit einem relativ hohen Grad an Autonomie. Der Föderalismus ist nicht als Schwäche zu deuten, sondern als innere Kraft der Selbstverwaltung und der politischen Impulse. Nicht unwichtig ist dabei die Tatsache, dass just die Kantone mit ihren historischen Grenzen Träger kultureller Eigenschaften sind, die gleichsam vor Ort gedeihen müssen – und also dort ihren Ursprung haben,

---

75 Vgl. dazu *Lehmbruch Gerhard*, Proporzdemokratie. Politische Systeme und politische Kultur, in der Schweiz und in Österreich, Tübingen 1967; *idem*, Konkordanzdemokratie, in: Schmidt Manfred G. (Hrsg.), Konkordanzdemokratie, Lexikon der Politik, Bd. 3, Die westlichen Länder, München 1992, S. 206 ff. Ferner: *Linder Wolf, Hotz-Hart Beat, Werder Hans*, Planung in der schweizerischen Demokratie, Bern 1979, S. 140 ff.: Konkordanz und Konkurrenzdemokratie und die Rolle der Parteien.

bis hinein in Sitten und Gebräuche, ins Religiöse und Sprachliche. Dass die moderne Welt die kantonalen Grenzen faktisch sprengt, illustriert, wie sehr Bund, Kantone und Gemeinden kooperieren müssen, um den wachsenden Anforderungen des Internationalen, des Globalen zu genügen. Noch ist nicht klar genug, wie die neuen Spannungsfelder gemeistert werden, doch das Grundkonsens-Element der Kohäsion wird mahnen, darüber nicht depressiv, destruktiv, sondern umgekehrt neu konstruktiv zu werden.

Interessanterweise haben die Krisen der Weltkriege, des Kalten Krieges und wirtschaftlicher Verwerfungen, so 1930, gezeigt, dass Defizite der wirtschaftlichen und politischen Strukturen durch gesteigerte Anforderungen an Wirtschaft und Politik sowie durch tatsächlich erbrachte Leistungen gemildert werden können, nicht zuletzt deshalb, weil der Zusammenhalt der Bevölkerung letztlich bis auf einige Ausnahmen stark genug war, Einschränkungen hinzunehmen und vor allem wettzumachen. Ob die Pandemie, die in den Jahren 2020/21 unser Land und ebenso die ganze Welt belastet, in verwandter Art Kräfte frei macht, ist schwer zu beurteilen. Hoffentlich wird der Drang zum unerlässlichen Hinterfragen der mobilisierten staatlichen Leistungen grösser, vielseitiger und vielschichtiger zugleich sowie klärend. Die Kohäsion ist auf alle Fälle gefordert, sogar neuartig. Vertraut sind hingegen die sicherheitspolitischen Dimensionen in polizeilicher Hinsicht und bezüglich der Landesverteidigung. Sie bilden eine feste Stütze der nationalen Kohäsion im Innern und nach aussen: präventiv, dissuasiv und repressiv. Einmal mehr: Auch in einer Krise muss der Grundkonsens auf das Wachsein zugunsten von Demokratie, Rechtsstaat und Zusammenhalt gerichtet sein.

Es mag auffallen, dass ich die Sozialstaatlichkeit, was immer darunter verstanden wird, nicht breit erwähnt und nicht zum 4. Element des Grundkonsenses erkoren habe. Mir ist bewusst, dass die aktuelle politische Bedeutung der Sozialstaatlichkeit nicht unterschätzt werden darf, doch ist sie nicht von jener elementaren Grundsätzlichkeit wie Demokratie, Rechtsstaat und Kohäsion. Sie mag wünschbar, sogar klug sein, doch ist sie ein Zusatz, sogar ein wichtiger, aber eben eine zeitgemässe

Ausformung und nicht ein Erstelement. Zudem darf nicht unterschätzt werden, dass sie überziehend dazu neigt, Staatsabhängigkeiten zu bewirken, die weder an- noch ausreichend ausdiskutiert sind. Über ihre Grenzen muss neue Klarheit gewonnen werden. Ein überbordender Sozialstaat kann zu einem Selbstläufer werden. Zutreffend ist denn auch in der geltenden Verfassung von «Sozialzielen» die Rede, die eine Sozialpolitik und entsprechende staatliche Zuständigkeiten voraussetzen (Art. 41 BV, insbesondere daselbst Abs. 3 und Abs. 4).[76] Vernünftigerweise wird die Sozialpolitik im Kontext der Kohäsion andiskutiert und auf massvolle Ziele ausgerichtet – unter Mobilisierung der Lohnpolitik, der Sozialversicherungen, des Karitativen und der Selbstverantwortung.

---

76 Ebenso darf kritisch angemerkt werden, die faktische Bedeutung der Verwaltung müsste hervorgehoben werden, weil sie gegenüber Regierung und Parlament eigentlich eine quasiunterstellte Grossmacht per se sei. Dies kann mit gewissen Gründen überlegt behauptet werden. Aber den Grundkonsens berührt sie nicht, jedenfalls nicht direkt. Zur Macht der Bundesverwaltung siehe *Eisenring Christoph*, «Big Government» floriert in der Schweiz, NZZ vom 4. August 2021, S. 23.

IX. Die Realität von Konsens, Dissens und Grundkonsens

Eine fatale Illusion wäre es, das politische Geschehen einseitig auf den Konsens auszurichten. Es lebt von divergierenden Meinungen, vielfältigen Grundeinstellungen und auseinandergehenden Zielvorstellungen, insbesondere aber vorweg und vor allen von der politikaktiven Freiheit der Bürgerinnen und Bürger, sei es im Rahmen von Wahlen, sei es aufgrund von Referenden und Initiativen.

Insbesondere in der Demokratie prallen Rede und Widerrede aufeinander, sei es im Parlament, sei es in der Regierung oder sei es zwischen Regierung und Parlament, aber auch weit hinaus hin zu den Parteien, Verbänden, den Nichtregierungsorganisationen, den Medien, politischen Gesellschaften. Kurzum: Sogar in der Zivilgesellschaft wird diskutiert. Den Einparteienstaaten und den Einheitsstaaten unter straffster Führung ist es vorbehalten, den Konsens zu erzwingen oder gar als gegeben in eigener Deutung anzunehmen. Die Demokratie widmet dem Konsens zwar hohe Aufmerksamkeit, muss aber aus ihrem Selbstverständnis heraus darauf verzichten, ihn zu überschätzen.

Mit anderen Worten: Der Konsens in vollendeter Harmonie des Volkes ist ein Ideal, das der demokratischen Wirklichkeit *nicht* eigen ist. Unterschätzt wird häufig die Bedeutung des Dissenses.[77] So dieser nicht um des blossen Widerspruchswillens eingebracht wird, ist er ein notwendiger, herausfordernder Teil der Bildung des staatlichen Willens. Er setzt allerdings sachlich-politische Fähigkeiten und inhaltliche Kompetenz voraus, wie dies auch für die Konsensträger gilt. Die reife Demokratie weiss um das ambivalente Verhältnis von Konsens und Dissens vor dem Hintergrund der Grundrechte mit ihren Freiheits- und politischen Rechten. Und sie weiss, dass die Politik als ein Prozess in ein Austarie-

---

[77] Siehe dazu *Lendi Martin,* Konsens – Fähigkeit zum Dissens, in: Festschrift für Hans Huber zum 80. Geburtstag, Recht als Prozess und Gefüge, Bern 1981, S. 487 ff. Konsens und Dissens sind in der Demokratie konstitutiv, während sie sich im Vertragswesen nicht ergänzen. Der Unterschied liegt im Mehrheitsprinzip der Demokratie, das im Vertragsrecht mit dem Akzent auf die gegenseitige Übereinstimmung der Willensäusserungen nichts zu suchen hat.

ren unterschiedlicher Problemsichten und in Kompromissen mündet – angedacht als qualifizierte Form des Konsenses oder als politisch-sachlich überzeugende Mehrheitsentscheidungen. Den hundertprozentigen Konsens zu erzwingen oder ihn vorzutäuschen, ist einzig, wie nochmals zu betonen ist, eigenwilligen Staaten mit einer dominierenden Einheitspartei oder einer diktatorischen Staatsführung vorbehalten, nicht aber den Demokratien eigen. Sie leben von wechselnden Mehrheiten.

Die Demokratie strebt dennoch einen hohen Grad an Konsensbreite an, kann sich aber mit Mehrheitsentscheidungen und Proporzwahlen aus praktischen Gründen der Stärkung der demokratischen Entscheidungsprozesse positiv abfinden, weil sich die Mehrheiten von Abstimmungen zu Abstimmungen, von Wahlen zu Wahlen nach Grösse und Zusammensetzung der Mehrheitskonsensträger und der Wähleranteile ändern können. Die gesunde Demokratie meidet Verabsolutierungsintentionen, wie immer Abstimmungen und Wahlen ausfallen. Darum akzeptiert sie auch knappe Resultate, da sie darum weiss, dass Abstimmungs- und Wahlergebnisse verbindlich sind und nicht nur als Meinungsumfragen bewertet werden dürfen: Der Staatswille ist gefragt![78]

Allein schon die Existenz von Parteien unterschiedlicher Ausprägungen signalisiert, dass es selten zu einmütigen politischen Konsensentscheidungen kommt, sicherlich nicht im Parlament, aber auch mit Ausstrahlungen auf das Volk als Referendumsorgan und/oder indirekt als Träger der Wahlen, begrenzt auf eine Mehrparteienregierung als Koalition und – eher selten – begrenzt auf Regierungen nach dem Konsensprinzip. Die staatliche Willensbildung kommt also nicht darum herum, als Regelfall das Mehrheitsprinzip für das Bilden des Staatswillens vorzusehen, der sich mit einem Mehrheitskonsens begnügt und diesen als massgebendes Entscheidungskriterium des politischen Aktes anerkennt.

---

78 Zur Bildung des Staatswillens in der Demokratie ist vorweg auf eine luzide Abhandlung von Dietrich Schindler (d. Ä.) zu verweisen: *Schindler Dietrich,* Über die Bildung des Staatswillens in der Demokratie, Eine staatsrechtliche Studie, Zürich 1921. Der Autor setzt sich unter anderem auch mit dem Mehrheitsprinzip auseinander – als Ausdruck der volonté générale im Sinne von J.J. Rousseau? Siehe dazu a.a.O. S. 31 ff.

Die Realität von Konsens, Dissens und Grundkonsens

Vor diesem Hintergrund werden der inhaltliche *Dissens* in der Sache und dessen Träger genau so bekannt wie dies auf den *Konsens* der Mehrheit und dessen Träger zutrifft. Dass die Dissensminderheit den Mehrheitskonsens zu akzeptieren hat, das versteht sich von selbst – ex iure. Ihre Einstellung muss sie aber nicht leugnen. Wenn der Mehrheitskonsens und der Minderheitsdissens fachliche und politische Kompetenz belegen, dann darf sogar erwartet werden, dass der Konsens dem Dissens gegenüber Respekt entwickeln wird – und umgekehrt! Dieser vermag das weitere politische Geschehen beeinflussen und dereinst neue Mehrheiten schaffen, die ihrerseits die Demokratie festigend bestätigen. Die Demokratie lebt eben vom Disput, vom Diskurs zwischen und mit den verbleibenden «Fronten» von Konsens und Dissens, sofern deren Repräsentanten das Ergebnis als solches hinnehmen. Einbezogen in die Erwägungsrunden sind insbesondere auch die Regierung und die Parteien sowie die Fraktionen im Parlament – sicherlich auch die Meinungsträger der Zivilgesellschaft.

Erfahrungsgemäss erfolgreich ist das Ringen der Erwägenden und weiterhin Disputierenden um Konsens und Dissens, wenn sich diese auf den *Grundkonsens* besinnen, der daran erinnert, dass sie alle bereit sind, sich für Demokratie, Rechtsstaat und Kohärenz einzusetzen. In diesem Sinne *bilden Konsens, Dissens und Grundkonsens eine Einheit* zugunsten der politischen Prozesse, des politischen Lebens, der politischen Kultur. Das Triptychon von Konsens, Dissens und Grundkonsens ist hoch einzuschätzen. Es ist staatserhaltend, politikbewusst. Unzulänglichkeiten zu verkraften, hilft es, indem das Grundsätzliche als das Übergreifende zum Grundgehalt wird.

X. Das ethisch-politische Ringen um den Grundkonsens

Die grosse Herausforderung für jede Form von Demokratie – ob parlamentarische, halbdirekte oder sogar unmittelbare – ist der politikreife lange Atem. Es ist eben nicht immer locker erträglich, innerhalb der Demokratie zu den Verlierern von Abstimmungen und Wahlen zu zählen. Jede einzelne Wahl oder Abstimmung kann unter Umständen den Glauben an die Demokratie schwinden lassen, wenn man sich wegen des Mehrheitsprinzips zu arg in elementaren Fragen in die Minderheit versetzt sieht.

Ein Zweifel spielt im Hintergrund eine grosse Rolle. Die Frage, ob dem modernen Staat und seiner Verfassung nach wie vor eine bedeutende Rolle zukomme, schürt ihn.[79] Würde sie mit Blick auf den Bedeutungszuwuchs des Internationalen und Globalen verneint, dann büssten auch Demokratie, Rechtsstaat und Kohäsion an qualifizierter Relevanz ein – samt der Verwurzelung der Rechtsordnungen. Die Antwort ist nicht leicht zu finden, da es viele Argumente zugunsten des Internationalen gibt, doch bleibt es dabei, dass das Politikkulturelle mit dem Staat als Hort des Rechts und der Menschennähe verbunden ist und auf weite Sicht auch bleibt – ohne dem Nationalismus zu verfallen. Die Staaten und das Internationale samt dem Globalen werden sich eines Tages die Hand reichen müssen. Allerdings: Auf die Basis der staatlichen Gemeinschaft kann dabei nicht verzichtet werden. Der Mensch bedarf des Überblickbaren und des Zwischenmenschlichen! Dafür stehen die örtlich-regionalen wie auch die überörtlichen Zivilgesellschaften und der gewordene Staat als konstitutive Basis. Ohne die Staaten gibt es keine rechtliche Durchdringung der völkerrechtlichen Ebene, auch wenn die

---

79 Vgl. dazu *Saladin Peter*, Wozu noch Staaten? Zu den Funktionen eines modernen demokratischen Rechtsstaates in einer zunehmend überstaatlichen Welt, Bern 1995. Dieser Autor kommt zum Schluss, dass der Staat die Lebenserhaltung sowie die Sicherungs- und Entfaltungsaufgabe als kulturelle Faktoren wahrzunehmen habe. Dazu zähle ich auch die Rechts- und Politikkultur. Der Staat bleibt nach Saladins Auffassung das Mittelstück, die Nabe, um die sich alles dreht.

Zahl der internationalen Institutionen und deren Bedeutung erheblich zunehmen.

Nirgendwo, denn in der rechtsstaatlichen Demokratie, lernen die Bürgerinnen und Bürger besser, mit positiven und negativen Entscheiden konstruktiv zu leben. Diese Tatsache vermittelt den Trost – immerhin –, sogar den doppelten, dass die einzelnen Abstimmungen oder Wahlen nicht das Ende bedeuten, sondern zur Herausforderung werden, sich neuen Abstimmungen und Wahlen erst recht zu stellen, allenfalls sogar Initiativen auf grundlegende Änderungen zu lancieren respektive zu ergreifen. Die Demokratie ist zudem vielseitiger als man annimmt. Sie verhilft immer wieder zu Neuentdeckungen, so bei nächsten Gelegenheiten, die gewährleistet sind, sich neu einzubringen. Als lebendiges politisch-sachlich vielseitiges Gebilde ist die Demokratie gerade kein monothematischer Einbahnweg. Im Gegenteil: Die Demokratie steht für eine offene Gesellschaft und einen sich entsprechend motiviert bewegenden Staat. In diesem Sinne steht auch der Grundkonsens – aus und in der Zivilgesellschaft in Ansätzen geboren – für den langen Atem, welcher der Demokratie und dem Rechtsstaat immer wieder neue Impulse vermittelt und also neue Chancen gibt. Die Bürgerinnen und Bürger und mit ihnen die Zivilgesellschaft müssen sich unentwegt neu engagieren – wiederkehrend, nicht nur repetitiv formelhaft.

So auch für den *Grundkonsens*. Dieser ist, wie ausgeführt, nicht vorgegeben, nicht abrufbereit und schon gar nicht automatisch überzeugend reif für das Umsetzen. Er muss im Streit der Meinungen erarbeitet, erwirkt werden. In anhaltenden Vorgängen, verbunden mit Widersprüchen und Ermüdungen, aber auch mit neuen Anläufen, Inspirationen, Impulsen, im Diskurs, aufgrund von Disputationen. Mag sein, dass der Grundkonsens unter günstigen Umständen langsam, beinahe unbemerkt, unterschwellig heranreift und für viele Menschen erst Schritt für Schritt einleuchtend wird. Was den Umgang mit ihm erleichtert, das sind vor allem die kritischen Phasen ungeduldiger Politik, da diese heiklen Perioden zwingen, sich um das Grundsätzliche, das Elementare, den Grundkonsens zu kümmern, einfach deshalb, weil es dabei das Zentrale zu erwägen gilt. Auch dann, wenn der Grundkonsens noch

Das ethisch-politische Ringen um den Grundkonsens

im Unterbewusstsein keimt. Allerdings müssen die Bürgerinnen und Bürger wissen, dass dieser für kritische Phasen mobilisierbar sein sollte, was nicht heisst, er müsse sich vom Zeitbedingten verführen lassen. Im Gegenteil. Das Zeitlose, das Grundsätzliche, das Elementare ist sein Kern, der ihn zur Botschaft werden lässt.

Ob es in einer wachen Demokratie einen diskursbestehenden oder bereits politiktauglichen gewordenen Grundkonsens mit Blick auf den verfassten Staat und dessen Rechtsordnungen gibt, hängt von zwei Komponenten ab, nämlich a) von der Zivilgesellschaft, die sich um die Politik kümmert, und b) von den Parlamenten und Regierungen, die auf die Politikzuwendung der Gesellschaft sowie auf das Vorbringen des Grundkonsenses gespannt hoffen dürften. Dass es hierzu vor allem und vorweg wacher *politischer Denker* bedarf, sei unterstrichen – mögen sie aus den Wissenschaften, aus den Parteien, aus engagierten ideellen Kreisen der Gesellschaft stammen und/oder sogar aus den Parlamenten, aus Regierungen hervorgehen. Entsprechend der Vielfältigkeit der Problemstellung ist es sogar erwünscht, die Erstdenker mögen sich aus möglichst vielen Grundhaltungen zusammenfinden, beseelt von einem Grundkonsens zugunsten von Demokratie, Rechtsstaat und menschlichem Zusammenhalt.[80]

---

80   Das Ringen um den Grundkonsens ist vorstellbar.
Das Beispiel der Novellierung der Bundesverfassung von 1874 hin zur Verfassung von 1999 zeigt mindestens für die Schweiz, dass ein politischer Diskurs sogar über ein komplexes Vorhaben realisierbar ist. Dieser begann u.a. mit einer Abhandlung von Max Imboden über «Helvetisches Malaise» (Zürich 1960) und hob mit der Lancierung der Idee einer Totalrevision durch politische Vorstösse an, führte dann zu mehreren Entwürfen von Max Imboden und von Alfred Kölz und Jörg Paul Müller sowie mit einer Expertenkommission unter Bundesrat Kurt Furgler (1977) sowie der kommentarmässigen Aufarbeitung der Bundesverfassung von 1874 schlussendlich zu einem bundesrätlichen Entwurf (federführend Bundesrat Arnold Koller, Direktor Bundesamt Justiz Heinrich Koller), der in die allgemeine Vernehmlassung – rege benützt – überführt und schlussendlich zu einer Vorlage an das Parlament verdichtet und von dort der Volksabstimmung mit Volks- und Ständemehr unterworfen wurde (1999). Ein rund vierzigjähriger Vorgang.
Beim Grundkonsens geht es allerdings um einen formfreieren und nicht gesetzlich gestützten Prozess, was einfacher und dann doch wieder komplizierter ist als das bekannte Verfahren für eine Totalrevision der Bundesverfassung. Dennoch: Die Gesellschaft ist offensichtlich fähig, einen Willen zu bilden, sei es bewusst oder unbewusst aus den Umständen heraus, sofern es Vordenker gibt, die initiieren und dranbleiben, vor allem auch bereit sind, den eruierten Grundkonsens publik und geltend zu machen – aus der Zivilgesellschaft heraus, adressiert an

Das ethisch-politische Ringen um den Grundkonsens

Wenn es dem anhaltenden Diskurs zum Grundkonsens gelingt, eine kritisch-konstruktive Grundstimmung für die staatspolitische Gemeinsamkeit zu erzeugen, dann wächst die Chance, den Inhalt des Grundkonsenses dem Verfassungs- und dem einfachen Gesetzgeber – direkt oder indirekt – nahezulegen, abgehoben von Eigeninteressen, einzig dem Ernsthaften und Nachvollziehbaren zugewandt. Das insistierende Ringen um den Grundkonsens bleibt selbst dann eine Herausforderung, wenn oberflächlich (vermeintlich?) kein sichtbarer, zwingender Grund besteht, ihn geltend zu machen. Und doch? Er kann jederzeit benötigt und hilfreich werden, weil sich Fragezeichen zum politischen Geschehen mehren und das Grundsätzliche wie auch das Elementare dabei zu kurz kommen könnten. Ein Aufruf, den Grundkonsens zu aktivieren, ihm treu zu bleiben, kann nützlich werden; denn ohne den guten Willen zum Fundament der Politik, konkret zum verbindlichen Recht, zur demokratisch legitimierten Rechtsordnung, bleibt die Politik substanzarm. Der Grundkonsens, so knapp er formuliert sein mag, weiss um die materielle substanzielle Notwendigkeit der Politik![81]

---

den Gesetzgeber. Dieser kann den Grundkonsens zwar auch vermutend annehmen, so es an positiven Anzeichen nicht mangelt. Manifest in etwa aufgrund der gelebten Demokratie auf allen Staatsebenen und/oder der rechtsstaatlichen-konstanten Rechtsbezeugungen im Alltag und/oder der nationalen Kohäsion im Rahmen von nationalen Anlässen und Abstimmungen usw.

81 Hier wird ein Exkurs nötig: Das berühmte Paradox-Dictum von Ernst-Wolfgang-Böckenförde aus dem Jahre 2006 lautet. «Der freiheitliche, säkularisierte Staat lebt von Voraussetzungen, die er selbst nicht garantieren kann. Das ist das grosse Wagnis, das er, um der Freiheit willen, eingegangen ist. Als freiheitlicher Staat kann er einerseits nur bestehen, wenn sich die Freiheit, die er seinen Bürgern gewährt, von innen her, aus der moralischen Substanz des einzelnen und der Homogenität der Gesellschaft, reguliert. Anderseits kann er diese inneren Regulierungskräfte nicht von sich aus, das heisst mit den Mitteln des Rechtszwanges und autoritativen Gebots zu garantieren suchen, ohne seine Freiheitlichkeit aufzugeben und – auf säkularisierter Ebene – in jenen Totalitätsanspruch zurückzufallen, aus dem er in den konfessionellen Bürgerkriegen herausgeführt hat.» *Böckenförde Ernst-Wolfgang*, Die Entstehung des Staates als Vorgang der Säkularisation, in: Recht, Staat, Freiheit, 2006, S. 112 ff.
Der Gedanke liegt, im Sinne Böckenfördes, nicht fern, die Freiheit im Grundkonsens resp. im contrat social und anderen Grundnormen zu verorten. Interessant ist denn auch, dass er nicht hinter die Aufklärung und die Freiheitsrechter zurück will. Auch scheint mir Böckenförde missverstanden, wenn man annimmt, er überhöhe die Rolle der Kirchen, obwohl er zweifellos deren Eintreten für die Würde der Menschen bejahen würde. Die Problematik seines Dictums liegt darin, dass er den säkularisierten Staat gleichsam überfordert sieht. Dem ist an sich zuzustimmen, nur ist der säkularisierte Istzustand nicht der Sollzustand des «entkirchlichten» Staates. Dieser hat das Recht, seinerseits zu rechtfertigen, d.h. zu begründen, beginnend

Das ethisch-politische Ringen um den Grundkonsens

Der Grundkonsens als politisches Phänomen darf nicht zu einem breiten Bekenntnis – im Umfang eines Katechismus – zum konkreten Staat in seiner rechtspolitischen Ausrichtung ausholen. Er würde sich dabei übernehmen. Dem echten politischen Grundkonsens geht es also nicht um das Gesamtgesellschaftliche, sondern um das vorausgesetzte staatspolitisch Elementare, auf dem sich das Werden und Bleiben einer offenen, freien und sich wiederkehrend neu einbringenden Gesellschaft – verfassungsrechtlich und gesetzlich zu gewährleisten – aufbaut. Das politische Ausgestalten muss in Begegnung mit der sich ändernden Wirklichkeit dem Gesetzgeber überlassen bleiben. Das Konzentrieren des Grundkonsenses auf das Unabdingbare macht deshalb Sinn. Sogar einen tiefen. Das Ansprechen des Grundkonsenses kommt deshalb einer trittsicheren Gratwanderung inmitten des Rechts und der Realitäten gleich, die das Fundament, die substanzielle Basis, sichtbar macht.[82]

---

mit dem Recht und der Rechtsidee, auf die der Staat basiert und das ihn konstituiert sowie dessen Macht sowohl begründet als auch begrenzt.

M.E. ist die Freiheit, als dem Menschen angeborene (Kant), mit der Rechtsidee zwingend verbunden und insofern dem Staat als Rechtsstaat unabdingbar eigen. Dieser kommt als solcher nicht darum herum, die Freiheit per constitutionem zu gewährleisten und zu garantieren, im Verbund mit einer unabhängigen Justiz, die dem Recht und insbesondere der Verfassung verpflichtet ist. Mit anderen Worten: Es geht beim verweltlichten, säkularisierten Staat nicht um den Machtstaat als solchen, sondern um den verfassten Rechtsstaat, sogar um den demokratischen Rechtsstaat. Insofern ist er wesensmässig mindestens zwei Doppelansprüchen gegenüber exponiert:

a) der Staat begründet Staatsmacht und begrenzt diese,
b) der Staat garantiert und gewährleistet die Freiheit der Bürgerinnen und Bürger und beschränkt diese auf gesetzlicher Grundlage, wobei der Kerngehalt der Grundrechte unantastbar ist (vgl. dazu den vollen Wortlaut von Art. 36 BV, aber auch von Art. 5 BV, mit ihren Aussagen zu den Einschränkungen von Grundrechten sowie den Grundsätzen rechtsstaatlichen Handelns).

82 Über den schweizerischen Grundkonsens hat Bundespräsident Ulrich Maurer am 11.11.2013 am 25. Internationalen Europaforum in Luzern gesprochen unter dem Titel: «Wie die Schweiz sich sieht». Er sprach über die Freiheit als Staatszweck und das Unbehagen im Kleinstaat und holte dann weit aus zu Visionen und zu den Leistungen an die Welt, nicht ohne die externen Vorwürfe Dritter an das Land zu verinnerlichen. Der grosse «Schlussschwenker» führte ihn zum Fazit: «Unabhängigkeit, freiheitliche Ordnung, Volkssouveränität und direkte Demokratie haben sich bewährt. Diese Werte definieren den Grundkonsens, auf den wir Schweizer bei aller Verschiedenheit und Vielfalt seit 1848 unsern Bundesstaat bauen.»

Entscheidend ist, dass der Ulrich Maurer als Bundesrat und Bundespräsident auf den *politischen Grundkonsens* zugeht, diesen Begriff verwendet und ihn in die *Nähe des staatspolitischen Bewusstseins der Schweizer* bringt sowie auf das *Grundsätzliche* reduziert und konzentriert. Allerdings unterlässt er es, das Entstehen resp. das Aufrechterhalten des Grundkonsenses in

Das ethisch-politische Ringen um den Grundkonsens

Ist das Ringen um den Grundkonsens gar eine ethische, indirekt sogar eine rechtsethische, eine politikethische Herausforderung mit Blick auf die demokratisch, rechtsstaatliche Verfassung und die Rechtsordnung mit Einschluss der Vorschriften zur politischen Willensbildung und Entscheidfindung? Ich meine: Ja, gerade auch als extrakonstitutionelles Phänomen mit dem Ziel, zur materiellen Stütze der Verfassung und der weiteren Gesetzgebung zu werden. Diese Funktion macht ihn gewichtig.

Unentbehrlich ist der Grundkonsens schon deshalb, weil auch die beste Verfassung ein gefährdetes Gebilde ist, das sich unter negativen, politisch fragwürdigen Einflüssen verirren könnte. Am Grundkonsens und erst recht am Diskurs über ihn ist es, das Rechtliche, das Politische unter ethischen Gesichtspunkten des Gebotenen wider das Beliebige zu würdigen. Der bereits erwähnte langen Atem ist einzufordern, lebhaftes Engagement zu gewinnen und das Verdichten hin zum Grundkonsens zu gewährleisten – in Verantwortung. Es geht eben um die Substanz. Die Spuren des Grundsätzlichen, des Elementaren der Demokratie, des Rechtsstaates und des Zusammenhalts haben anzuklingen.[83]

Die grösste Herausforderung für die Inspiratoren und Träger des Grundkonsenses besteht darin, diesen aufrechtzuerhalten und diesen aktualitätsbezogen einzubringen, sei es bei einer Total- oder relevanten Teilrevision der Verfassung respektive bei Gesetzeserlassen und -novellierungen, die den Grundkonsens tangieren könnten, was nicht allzu häufig der Fall sein dürfte, aber eine gewisse permanente politische Aufmerksamkeit bedingt. Nicht zuletzt fällt den Parteien, den Medien und sogar den bedeutsamen Wissenschaften die Verantwortung zu, das Argument, den Topas Grundkonsens zu mobilisieren und die Politik respektive deren Institutionen in die Pflicht zu nehmen – nicht gedankenlos, sondern am richtigen Ort zur richtigen Zeit in gewichtigem Zusammenhang, dann aber mit Nachdruck und ernsthaftem Unterton.

Front einer sich ändernden Wirklichkeit zu beleuchten. Ob der Grundkonsens gleichsam als selbstverständlich vorausgesetzt werden darf, scheint in einer sich ändernden Welt eher fragwürdig. Es muss um ihn gerungen werden.

83 Vgl. dazu *Kley Roland, Moeckli Silvano (Hrsg.)*, Geisteswissenschaftliche Dimensionen der Politik, Festschrift für Alois Riklin zum 65. Geburtstag, Bern 2000.

Rechtlich gewürdigt, kommt der Grundkonsens, adressiert an den Gesetzgeber, einer Petition gleich. Die Petenten geniessen dabei den Schutz der Petitionsfreiheit. Nachteile dürfen ihnen aus dem Vorhaben und dem Einreichen nicht erwachsen. Besondere formelle Erfordernisse sind nicht vorgegeben (Art. 33 Abs. 1 BV). Immerhin drängt es sich auf, zwischen Anträgen und deren Begründungen zu unterscheiden sowie die Schriftlichkeit zu wahren. Auf der anderen Seite müssen die Behörden von Petitionen und also von einem geltend gemachten Grundkonsens Kenntnis nehmen (Art. 33 Abs. 2 BV) und mindestens den Eingang bestätigen. *Politisch* betrachtet, ist das Geltendmachen des Grundkonsenses sogar mehr als eine der üblichen Petitionen zu besonderen Anliegen. Es geht eben um ein elementares Begehren: identitätsstiftende Grundanliegen, die in der Verfassungs- und/oder einfachen Gesetzgebung zu berücksichtigen sind. Für den Gesetzgeber eröffnet sich dabei die Chance, im Grundkonsens einen vor- und überrechtlichen, die Legitimität stärkenden Grundsatzanspruch zu erkennen. Es wird sich deshalb für ihn respektive die Behörden lohnen, sich mit dem reklamierten Grundkonsens vertieft auseinanderzusetzen und sogar darauf bedenkend einzutreten. Wird der Grundkonsens nicht formell eingereicht, so drängt sich für den Gesetzgeber respektive die Behörden sogar auf, sich nach dem Grundkonsens umzusehen und sich ex officio damit zu befassen, nötigenfalls mittels Umfragen, allein schon der Legitimität der eigenen Entscheidungen wegen und auch mit Blick auf die allenfalls nachfolgenden Parlaments- und Referendumsabstimmungen zu Verfassungs- und Gesetzesänderungen.

XI. Der Grundkonsens in Staaten mit Vorbehalten zu Demokratie und Rechtsstaat sowie bei konservativen Grundeinstellungen

Die Thematik des Grundkonsenses stellt sich nicht nur für klassische Staaten mit Akzenten auf Demokratie und Rechtsstaat, inklusive die konstitutionellen Monarchien, sondern auch für Staaten im Umbruch hin zur Demokratie und Rechtsstaat oder gar in Nuancen präjudizierend weg vom Demokratischen und Rechtsstaatlichen,[84] und nicht zuletzt auch für jene Staaten, die eine konservative, bewahrende Grundhaltung verraten und also wenig zukunftsoffen gegenüber technischen, wirtschaftlichen und gesellschaftlichen Veränderungen agieren – gleichsam zögernd gegenüber Neuerungen, nicht belebt durch Neugierde und Wagnisse. Der Grundkonsens kann zum Voranschreiten anregende Freiräume schaffen.

Das Heranwachsen des Grundkonsenses ist allenthalben ein Gradmesser in Richtung von Demokratie und Rechtsstaat. Der Grundkonsens muss sich sogar vor Überzeichnungen hüten. Verabsolutierungen sind eben immer fragwürdig – auch für Demokratie und Rechtsstaat.[85] Unumgänglich ist das Registrieren der Entwicklungen in Phasen der negativen Einstellungsveränderungen, zumal Demokratie und Rechtsstaat im Innern eines Staates gedeihen müssen, da sich diese Grundhaltungen nicht von aussen einpflanzen oder aufoktroyieren lassen. Dies gilt erst recht für die Kohäsion. Allein schon diese Innenfunktion des Grundkonsenses macht diesen zu einem politisch relevanten Faktor in allen Staaten, wie auch immer sie sich gegenüber Demokratie und Rechtsstaat verhalten. Spuren des Grundkonsenses werden sich immer finden

---

84 Mitten in dieser Zeit der Fragezeichen zu Demokratie und Rechtsstaat ergreift Kaspar Villiger, ehemaliger Bundesrat (Regierung) der Schweizerischen Eidgenossenschaft, in einem engagierten Grundsatzwerk das Wort: «Demokratie erst recht!», Politik im Zeitalter von Populismus und Polarisierung. Die Demokratie müsse sich an Werten orientieren. Die Politik «starker Männer» genüge nicht. Vgl. also *Villiger Kaspar*, Demokratie erst recht!, Zürich 2018.
85 Siehe dazu *Kägi Werner*, Die Verfassung als Grundordnung des Staates, Neudruck, Zürich 1971, S. 152 ff. (Erstdruck 1943).

lassen, gerade auch dort, wo sich dieser durch Anti-Demokratisches und Anti-Rechtsstaatliches unterdrückt sieht.[86]

1. Staaten mit Vorbehalten

Die Nuancierungen des Verhältnisses zur Demokratie sind gross geworden. Sie reichen von den Fragezeichen aufgrund des Spannungsverhältnisses zwischen dem Internationalen und dem Nationalem, verbunden mit Sorgen um Erschwernisse des berechenbaren Abstimmens der Entscheidungsprozesse bis und mit politisch-ideologischen Vorurteilen gegenüber einer offenen Gesellschaft und dem Volk als souveränem Staatsorgan. Damit einher gehen häufig auch heikle Machtfragen, die mit unterschwelligen parteiideologischen Sonderanliegen verquickt sein können. Die grossen Zusammenhänge zwischen Bildung, Selbstverantwortung, Wirtschaft, Gesellschaft, Umwelt und Politik respektive Staatsform werden auf alle Fälle in der Regel zu wenig bedacht. Dazu kann da und dort eine gewisse Lethargie der Bevölkerung stossen, die das politische Geschehen hinzunehmen gezwungen ist und deshalb ihre Mündigkeit unterdrückt. Kann der Grundkonsens in der geschilderten Art überhaupt aufblühen – in ersten Ansätzen?

Für politische Systeme, die der Gewissheit huldigen, den Zweck des Staates endgültig und erzwingend zulasten Dritter beantworten zu können, ist die Frage nach dem Grundkonsens irgendwie überflüssig. Ihre Überzeugung verführt sie, auf das Bedenken eines Grundkonsenses durch die Zivilgesellschaft zu verzichten, ja sogar vom freien politischen Denken der Gesellschaft abzusehen. Sie erheben ihre Politikauffassung zur allgemeingültigen, ohne sich nach der Allgemeingültigkeit ihrer Dogmen kritisch zu erkundigen.

---

86 Vgl. auch unter dem Aspekt der Staatshilfen *Stadler Toni*, Eine Volksherrschaft muss von innen entstehen, NZZ 21. August 2021, S. 21. Es ist offensichtlich, dass selbst vieljährige Entwicklungshilfen Menschen nicht von der Flucht in Richtung Europa und Nordamerika abhalten. Der Umsturz in Afghanistan, nach Abzug der NATO-Streitkräfte und eines grossen Teils der international engagierten Hilfswerke, scheint Verwandtes zu bestätigen. Demokratie und Rechtsstaat können nicht einseitig von aussen forciert lanciert werden. Der grosse Schritt zur «Volksherrschaft» muss von innen gewagt werden. Der Grundkonsens – gemäss der hier vertretenen Terminologie – konnte nicht nachhaltig genug gestärkt werden. Strategiemängel?

Der Grundkonsens in Staaten mit Vorbehalten zu Demokratie und Rechtsstaat

Dennoch: Vom Grundkonsens zu handeln, kann selbst unter heiklen, ungewissen politischen Bedingungen helfen, dass sich Menschen und Politik auf neue Lösungen besinnen. Dabei wird immer auch Grundsätzliches, Elementares zur Sprache kommen, dem mindestens gedanklich nicht ausgewichen werden kann. Jede aktuell gehandhabte Staatsform muss sich selbstkritisch fragen, ob sie auf dem richtigen Weg sei. Sich nicht zu überschätzen ist und bleibt eben eine politische Tugend. Erst recht ist das Bedenken des Elementaren, des Grundsätzlichen im Kontext der Politik immer wieder neu fällig, weil das Rechtfertigen und Legitimieren des Staatspolitischen andauern muss. Selbst für junge Demokratien und Rechtsstaaten trifft dies zu. Nicht weniger für erprobte. Denn auch sie sehen sich mit einer Welt konfrontiert, die sich an neue Gedanken, auch an neue Werte respektive Bewertungen heranwagt. Hoffentlich sogar an grundsätzliche. Insbesondere das Verhältnis zur Zivilgesellschaft und indirekt zur Vielfalt der Grundhaltungen der Bevölkerung muss positiv bedacht bleiben. Das Grundsätzliche – selbst unter dem Titel der Freiheit – ist immer wieder erneuernd in die politische Waagschale zu legen. Das ständige Reflektieren macht für die Politik allenthalben und allemal tief bewegenden Sinn.

Der Grundkonsens, so ein solcher sich für junge Demokratien abzeichnet, geht zwar in der Regel nicht von einem festgefügten Modell der Demokratieform aus, doch antizipiert er zwingend die Rechtsstaatlichkeit bis und mit der Grundbedeutung der richterlichen Unabhängigkeit, einzig gebunden an Verfassung und Gesetz, insbesondere auch verpflichtet auf die Grundrechte, unabhängig von irgendwelchen politischen Implikationen, Insinuationen sowie politisch-einseitig motivierten Vorbehalten. Demokratie ohne Rechtsstaat ist fragwürdig, weil selbst die Demokratie eine Rechtsordnung bedingt, die vom blinden Verabsolutieren zurückhält. Nicht minder deutlich: Auch die Regierung sowie das Parlament sind in ihrer Gesetzgebung an den qualifizierten Geltungsanspruch der höherstufigen Verfassung mit ihrem rechtsstaatlichen und demokratischen Inhalt gebunden. Die Verbindlichkeit des Rechts steht ohnehin nicht zur Disposition.

Der Grundkonsens in Staaten mit Vorbehalten zu Demokratie und Rechtsstaat

Relativ jungen Demokratien und Rechtsstaaten sei nachdrücklich empfohlen, sich der Risiken bewusst zu sein, die für Demokratien und Rechtsstaaten durch einen *leichtfertigen Umgang mit dem Recht* verbunden sein können. Die Rechtsidee zu pflegen ist für jede Gemeinschaft elementar – erst recht für die staatliche. Das Grundsätzliche, das mit dem Recht einhergeht, zählt mehr als das politisch Ambitionierte. Vor allem dürfen Exekutive und Parlamente sich selbst nicht verabsolutieren, selbst nicht mit einer Quasi-Hilfe des Rechts in Form grenzenloser Ermächtigungen. Die Demokratie als solche lebt eben vom Recht und von dessen Ausprägungen im Rechtsstaat. Alles andere nimmt in Kauf, dem Recht in Beliebigkeit schleichend oder manifest abzusagen. Und? Die demokratische Legitimierung, die dem Recht Glanz und Anerkennung, Geltung im weitesten Sinne verleiht, würde bald einmal verblassen – erste Indizien des Niederganges von Demokratie und Rechtsstaat.

Der Vorteil, sich mit dem Phänomen des Grundkonsenses zu befassen, besteht für politisch Interessierte, gerade auch in Staaten mit Fragezeichen zu Demokratie und Rechtsstaat, darin, sich Rechenschaft über die Bedeutung des Grundsätzlichen zu verschaffen und sich von dorther zu fragen, was müsste bedacht werden, um schwankenden Positionen zu Demokratie, zum Rechtsstaat entgegenzutreten, und wie kann es gelingen, den entsprechenden Grundkonsens wachsen zu lassen, ihm gar Nachachtung zu verschaffen, Fehlentwicklungen Grenzen zu setzen und von dort her zu einem möglichen Bild eines konstruktiv korrigierenden Grundkonsenses vorzustossen. Verfassungsfragen müssen auf alle Fälle in der Öffentlichkeit diskursfähig sein und der Gesetzgeber muss willens sein und bleiben, das Vorbringen eines Grundkonsenses zu akzeptieren und sich mit ihm auseinanderzusetzen. Nicht minder wichtig ist, dass Demokratie, Rechtsstaat und Kohäsion realiter mögliche Politikhemmnisse abbauen, Politik also ermöglichen müssen, weil Rechtsstaat und Demokratie nach politischen Impulsen und Politikkultur geradezu rufen.

Da Rechtsstaat und Demokratie als anforderungsreiche Staatsziele in gewisser Weise immer gefährdet sind, bedarf es bei der Arbeit am Grundkonsens des langen Atems, anhaltend, über das Institutionelle der Politik hinaus in die Zivilgesellschaft hinein – von Thinktanks bis hin zu Parteien, aber auch hin zu spezifischen Vereinigungen vor dem Hintergrund einer mitdenkenden Öffentlichkeit. Selbst in einer Demokratie reicher Erfahrungen kann auf die anhaltende Arbeit am Grundkonsens nicht verzichtet werden. Das Gelingen darf nicht dem Zufall überlassen bleiben.

Das freie Denken, selbst wenn es das Grundsätzliche sucht und dem Konsens zustrebt, muss zur Kenntnis nehmen, dass es zu unterschiedlichen Auffassungen, verbunden unter anderem mit divergierenden Ansätzen und auseinanderdriftenden Graden der Meinungsbildung, kommt. Ein mitlaufender Dissens ist nicht unbedingt ein Zeichen der Schwäche. Im Gegenteil, er kann ein Zeichen der Argumentationsstärke, der Freiheit des Denkens und der Meinungsäusserung, sogar der Toleranz und der werdenden Konkordanz sein. In diesem Sinne ist auch das Mehrheitsprinzip über das Sichtbarmachen des in der echten Demokratie unvermeidbaren Dissenses durchaus vertretbar, wenn nicht sogar Ausdruck der realen Verhältnisse: Absoluter Konsens, Einstimmigkeit sind oft äusserst fragwürdig, was aber nicht heisst, das ausgleichende Abstimmen bis hin zu einem sinnvollen, grossmehrheitlichen Konsens sei nicht vorteilhaft. Dieser Prozess zeugt von positivem Streben.

Der Grundkonsens, so er sich gebildet und offenkundig kundzutun vermag, hat sich an den Verfassungs- und/oder den einfachen Gesetzgeber mit dem insistierenden Ersuchen um Beachtung zu wenden mit dem Ziel, der Verfassung im Sinne des Grundkonsenses als Verfassung Nachachtung zu verschaffen oder die Verfassung nötigenfalls zu novellieren, mithin geprägt vom Demokratischen, Rechtsstaatlichen und dem Zusammenhalt der Gemeinschaft. Steht gar ein Rechtsmittel/-instrument zur Verfügung, so ist davon Gebrauch zu machen. Sich auf das nominelle oder vorbehaltene Widerstandsrecht zu berufen, lässt sich nur unter strikten Bedingungen rechtfertigen.[87] Es darf nicht in Beliebigkeit

---

87 Zum Widerstandsrecht: *Haller Walter, Kölz Alfred, Gächter Thomas*, Allgemeines Staatsrecht, a.a.O., S. 394 ff. unter dem Titel: Widerstandsrecht bei Grundrechtsverletzungen.? *Rhinow René A.*, Widerstandsrecht im Rechtsstaat, Bern 1984; *Thürer Daniel*, Widerstandsrecht und Rechtsstaat, in: Studia philosophica vol. 44/1985, Bern 1985, S. 142 ff.; *Kley Andreas*, Rechtsstaat und Widerstand, in: Thürer Daniel, Aubert Jean François, Müller Jörg Paul (Hrsg.), Verfassungsrecht der Schweiz, Zürich 2001, S. 285 ff.

mobilisiert werden, auch dann nicht, wenn der Staat beiläufig bisweilen vom Recht abweicht. Anders sieht es aus, wenn das Recht unter Verletzung von Elementarem und Existenziellem infrage gestellt wird.[88]

2. Staaten mit konservativen Grundhaltungen

In seiner staatspolitischen Ausrichtung könnte dem Grundkonsens die Neigung eigen werden, Bewahrendes zu hoch einzustufen und darüber unumgänglich Werdendes zu verkennen. Auf alle Fälle kann das Berufen auf den Grundkonsens zum Überschätzen des Tradierten verleiten, sofern ihm nicht eine kritische Komponente beigemischt wird, die darauf achtet, dass sich die Welt des Faktischen und stellenweise der Werte verändert und nach neuen politischen Anstrengungen ruft.

Allein schon die mitlaufenden in sich widersprüchlichen Begriffe des Nationalen, des Souveränen hier und der Globalisierung, der wachsenden internationalen Arbeitsteilungen, Funktionen und Abhängigkeiten dort signalisieren Vektoren, die nicht ausser Acht gelassen werden dürfen. Sie werden zusätzlich unterstützt durch weltweite Kommunikation und durch eine Mobilität, die sich nicht an Staatsgrenzen hält und die Staaten, so sie isoliert entscheiden und handeln wollen, an ihre eigenen Grenzen heranführen. Unverkennbar ist sodann, dass der Planet endgültig entdeckt und markiert ist, dass er als eine eigene Einheit im Universum verstanden werden muss, die mit ihren Gegebenheiten und eigenwilligen Veränderungen zurechtkommen muss. Die internationale Kooperation unter gegenseitiger Rücksichtnahme und unter fairen Respektbedingungen wird zwingend.

Mit anderen Worten, der nationale politische Grundkonsens, bezogen auf einen nationalen Staat, verfällt einem Elementarfehler, wenn er sich abkapselt, wenn er sich tatsächlichen Veränderungen gegenüber verschliesst und dabei den nationalen Staat überschätzt. Reife nationale Verfassungen erklären sich nicht allwissend, verweisen auf ihre Änder-

---

[88] Dies mag idealistisch bis weltfremd tönen, doch ist es nicht Aufgabe dieser Abhandlung, Revolutionäres anzumelden.

Der Grundkonsens in Staaten mit Vorbehalten zu Demokratie und Rechtsstaat

barkeit und missbrauchen den politischen Grundkonsens nicht in Richtung einer Weltsicht, die sich dem realen Geschehen verschliesst. Der politische Grundkonsens ist missverstanden, wenn er introvertierten, nationalen Neigungen Vorschub leisten und nur sich selbst im Auge behalten würde.

Die Schweiz mit ihrer eigenen politischen, gesellschaftlichen und wirtschaftlichen Geschichte muss qualifiziert besonnen handeln und sein. Ihr Verfassungstext ist weitsichtiger als ihr bewusst zu sein scheint. Er steht gleichsam in den Klammern, wonach die Allmacht nicht beim Staat und seinen Bürgerinnen und Bürgern, auch nicht beim Volk als souveränes demokratisches Staatsorgan liegt, sowie gemäss der rechtlichen Vorgabe, er könne jederzeit ganz oder in Teilen revidiert werden, was seine Offenheit gegenüber der Zukunft markiert. Der Grundkonsens sollte diese elementaren Absteckungen – bewusst oder unbewusst – einschliessen.[89]

Eine gewisse Selbstüberschätzung ist wohl jedem Staat eigen. Als nationale Staaten müssen sie sogar ein gewisses Selbstbewusstsein markieren, doch dürfen sie nicht dem Fehler verfallen, sich als sakrosankt einzustufen, gleichsam rechthaberisch bis unfehlbar aufzutreten. Das unerlässliche Mindestmass an Eigenkritik steht jedem Staat wohl an. Und dies bedeutet für ihn, sich mit der politischen Macht immer wieder neu kritisch auseinanderzusetzen und die Grundhaltung zum Recht verantwortungsvoll zu pflegen. Dieses kennt von seiner Idee her die Verpflichtungen auf Frieden, Freiheit und Gerechtigkeit und weiss deshalb auch um das notwendige Denken in den Kategorien von Macht, Machtmissbrauch und Machtbegrenzungen. Daran schliesst sich auch so etwas an wie eine Rechtsethik, die das gebotene Tun reflektiert und mit sich bringt.[90]

---

89 Präambel, Satz 1 BV («Im Namen Gottes des Allmächtigen»), Art. 192 Abs. 1 BV (Die Bundesverfassung kann jederzeit ganz oder teilweise revidiert werden).
90 Vgl. dazu: *Borchard Michael, Schrapel Thomas, Vogel Bernhard*, Was ist Gerechtigkeit?, Befunde im vereinten Deutschland, Wien/Köln/Weimar 2012. Daselbst: *Lendi Martin*, Zweckmässiges, Gebotenes, Gerechtes – als Massstäbe staatlichen Handelns, a.a.O., S. 111 ff.

Der Grundkonsens in Staaten mit Vorbehalten zu Demokratie und Rechtsstaat

Der nationale Grundkonsens tut, wie bereits an anderer Stelle vermerkt, gut daran, sich auf die Elementaranforderungen an Staaten zu konzentrieren und das Meistern aufkommender Probleme, auch komplexer, in geordneten Prozessen zu begünstigen.[91] Gelten würde diese Aussage auch dort, wo aufbrechend in die Zukunft ein *weltweiter Grundkonsens* gesucht würde. Seine Kernelemente wären wohl weniger staatspolitisch geprägt, denn vielmehr ethisch-kulturell oder ökonomisch, auch wenn selbst eine zurückhaltende Weltordnung nicht darum herumkäme, rechtsethische, rechtspolitische Verhaltensvorgaben im Sinne der Fairness, von Treu und Glauben und des Diskriminierungsverbotes einzuschliessen sowie positivrechtliche Vorkehrungen in Kernbereichen zu treffen, nämlich zur Gewährleistung von Frieden, Freiheit, Sicherheit, Weltwirtschaft und Kooperation der Staaten.[92] Einen Weltstaat zu kon-

---

[91] Im Verhältnis der Schweiz zur Europäischen Union wird zu Recht betont, dass sich die beiden Subjekte des Völkerrechts im Sinne einer Wertegemeinschaft nahe sind, auch wenn die Grundkonsense unterschiedliche Züge aufweisen dürften. Die Grössenordnungen und die Akzente auf den Funktionen sind andere. Verkannt wird, dass die Schweiz in ihrer heutigen Gestalt mindestens seit 1848 über eine in sich gewordene politische Eigenstruktur verfügt, die der EU noch nicht in allen Teilen geglückt ist. Ihre eigene Zukunft ist eben etwas weniger gefestigt und staatspolitisch berechenbar geklärt. Unter diesen Umständen drängt sich auf: Die EU und die Schweiz sollten ihr Interesse an der Teilhabe der Schweiz am Binnenmarkt der EU differenziert nach Sachbereichen oder insgesamt aushandeln und sich gegenseitig verpflichten, auf der Basis der Wertegemeinschaft rechtspolitisch abgestimmte Regelungen zu treffen, sei es durch konkrete Problemmeisterungen, sei es durch faktisch abgestimmte autonome Rechtsetzungen oder sei es durch vertragliche Vereinbarungen – wissend, dass eine Voll- oder Teilmitgliedschaft der Schweiz in der EU aus staatspolitischen Gründen ausser Betracht fällt, aber geprägt durch gegenseitigen Respekt und organisiert durch permanente und/oder Ad-hoc-Koordinationsorgane, die sich um gemeinsame Vorstellungen und Massnahmen wie Interessenabwägungen bemühen. Allfällige hartnäckige Divergenzen sind durch Schiedsgerichte ex aequo et bono oder ex iure zu klären.

[92] Ich verdanke diese Hinweise dem schweizerischen Vordenker und Publizisten Robert Nef, der mir auf eine Umfrage hin antwortete: «*Die gemeinsame Basis von Freiheit und Sicherheit ist der Friede*». Und ich gestatte mir hinzuzufügen: der Rechtsfrieden und dieser lebt von der Rechtsidee von Frieden, Freiheit und Gerechtigkeit, die auch für eine Weltordnung unumgänglich bleibt, allerdings wissend, dass die Gerechtigkeitsvorstellungen international erheblich zurückgenommen werden müssen, weil sie übermässig divergieren und politisch konfliktträchtig sind. Umgekehrt ist im Andenken einer Weltordnung die Erforderlichkeit der Nähe von ethischem und rechtspolitischem Grundkonsens erahnbar, weil ohne das ethische Minimum das rechtlich Gemeinsame inhaltslos würde. Die anhaltende Diskussion des weltweit vorstellbaren Grundkonsenses bleibt angezeigt, doch nicht in ausholendem Übertreiben, sondern in der Bescheidenheit der ernsthaften Reduktion auf das Erforderliche und Gebotene.

Der Grundkonsens in Staaten mit Vorbehalten zu Demokratie und Rechtsstaat

zipieren und zu realisieren käme einem untauglichen Versuch gleich, weil das Volk respektive die Menschennähe zu kurz käme, gar stufengerecht zu kurz kommen müsste. Die Welt der Staaten bleibt vorbehalten. Aber nicht als sich selbst genügende, sondern als Hort offener Gesellschaft.

XII. Der Grundkonsens bedingt Meinungsfreiheit

Ein totales Missverständnis käme auf, wenn mit dem Grundkonsens ein Zwang, auch ein sanfter, verbunden würde. Zum Grundkonsens gehören die Freiwilligkeit an der Diskursteilnahme und der inneren sowie äusseren Verpflichtung auf ihn, denn er entspringt letztlich nicht einem verbindlichen Rechtsgebot, sondern dem feu sacré für die Einsicht der Unumgänglichkeit der staatlichen Gemeinschaft. Daraus ergeben sich aber moralische Verpflichtungen, sich Gedanken zu deren Gestaltung zu machen, vorweg bezüglich des innersten Kerns und dessen Auswirkungen auf die zentralen Anforderungspostulate an die rechtlichen Grundlagen – im Sinne der Verfassung – eben dieser Gemeinschaft. Manifest werdend im politischen Grundkonsens die konzentrierten Anliegen, die an den Gesetzgeber, insbesondere den Verfassungsgesetzgeber adressiert werden.

Über den möglichen Inhalt haben wir bereits einiges ausgeführt. Er hat etwas zu tun mit der Rechtsidee und also mit Frieden, Freiheit und Gerechtigkeit, und diese mündet in die Staatsform der rechtsstaatlichen Demokratie respektive des demokratischen Rechtsstaates, weil diese Elemente auf den innersten Fokus der Freiheit des Menschen und seine Würde gerichtet sind unter den Gesichtspunkten des Zwischenmenschlichen und der staatlichen Funktionen der Gemeinschaft. Die mitlaufende Urfrage nach der Machtschöpfung und der Machtbegrenzung rufen nach Massstäben und Instrumenten der Ausübung. Die Freiheit und Würde des Menschen rücken vor und das Recht stellt sich in deren Dienst. Ob das Naturrecht in seinen Variationen vom natürlichen, göttlichen bis zum vernunftseitigen beigezogen werden soll, will ich hier offenlassen. Auf alle Fälle spornt der politische Grundkonsens den Verfassungs- und den Gesetzgeber an, sich dem Grundsätzlichen zuzuwenden.

Ein fataler Widerspruch wäre es, mit dem Phänomen des Grundkonsenses irgendeinen Zwang zu verbinden. Der Debatte, die der Deklaration des Grundkonsenses vorangeht, muss der freie Meinungsaustausch eigen sein, der auf der Freiheit der Meinungsäusserung beruht – und dieser setzt Freiheit im weitesten Sinne voraus, vor allem aber die Freiheit vom Staat und dessen Machtträgern. Es kann deshalb wohl kaum zulässig sein, dass eine exklusive Gruppierung mit der Erörterung des Grundkonsenses staatlicherseits betraut wird oder sich selbst für auserkoren fühlt. Der Grundkonsens ist mit einem Monopolanliegen nicht vereinbar. Nicht minder fragwürdig wäre es, sich durch eine Partei vertreten zu lassen, die sich als einzige legitimiert erachten würde, zuständig zu sein, den Grundkonsens zu definieren: Der freie Diskurs ruft nach einer offenen Debatte in einer offenen Gesellschaft, die aus sich heraus in Freiheit zu politisieren versteht.[93]

Vor diesem Hintergrund wird erkennbar, dass das Kulturphänomen eines werdenden Grundkonsenses von hoher Akzeptanz nicht angeordnet, nicht befohlen werden kann. Er muss aus sich heraus glaubhaft werden, reifen und mehrheitsfähig werden, wenn angezeigt, soll er publik gemacht und dem Gesetzgeber, vorweg dem Verfassungsgesetzgeber, als Antrag unterbreitet werden. Nichts spricht dagegen, ihn öffentlich artikuliert zu verbreiten, weil dessen Aussagen mindestens dem Sinne nach durch den Gesetzgeber zu verfolgen sind, wenn immer der politische Grundkonsens das ausdrückt, was dem Anliegen der Bürgerinnen und Bürger in hohem Mass entspricht.

Die *Freiheit der Meinungsäusserung* zum Grundkonsens wird dabei gleichsam zum Taufpaten des Grundkonsenses.[94] Und diese steht für die Grundrechte, den Rechtsstaat, die Demokratie und die festigenden Chancen der Kohärenz der staatlichen Gemeinschaft. In der letzten Konsequenz ruft der heranwachsende Grundkonsens nach Demokratie, Rechtsstaat und sogar nach dem Zusammenhalt der Staatsgemeinschaft und also nach der Herrschaft des Rechts, nach politischen Rechten und

---

93 Eine offene Gesellschaft setzt Freiheit im Sinne der Grundrechte, verstanden als Freiheitsrechte und politische Rechte voraus, sicherlich auch ein geistig waches Klima, das auf Mitmenschlichkeit, Marktwirtschaft und geordnete Lebensvoraussetzungen räumlich, ökologisch, wirtschaftlich-sozial achtet. Die Schweizerische Bundesverfassung vom 18. April 1999 ist bestrebt, solchen Dimensionen zu entsprechen, wie dies in ihrer Art auch andere Verfassungen tun. Die zeitgemässe Ausrichtung zeugt von «Nachhaltigkeit» (Art. 73 BV).
94 Art. 16 BV. Sie ist eng mit der Informationsfreiheit (Empfangen, Beschaffen, Verbreiten) und den politischen Rechten verbunden.

vor allem nach einer rechtsstaatlichen Demokratie, welche die Freiheit vom Staat genauso einschliesst wie das aktive Mitwirken im Rahmen der staatlichen Willensbildung, mindestens ausgeprägt durch die Wahlen zu den Parlamenten aller Staatsebenen. Nicht minder wichtig ist die Einflussahme auf das Bewahren und das Ausgestalten der Selbstverantwortung und der Begrenzung der Abhängigkeit vom zu breit werdenden staatlichen Leistungsangebot und den entsprechenden Rechtsansprüchen.

Als Auftrag an den Verfassungs- und einfachen Gesetzgeber adressiert, geniesst der Grundkonsens respektive verfügen die Träger, die Promotoren desselben, wie ausgeführt, über die *Petitionsfreiheit*.[95] Aus dem Geltendmachen des Grundkonsenses dürfen also keine Nachteile erwachsen und vom Inhalt der Petition respektive dem Grundkonsens muss also Kenntnis genommen werden. Je eindrücklicher die vorauseilende Zustimmung seitens der Bevölkerung, desto nachhaltiger die politische Aufforderung, ihn de facto zu beachten, zu befolgen. Dort, wo die entsprechenden *politischen Rechte* vorgegeben sind, kann der Grundkonsens sogar in eine Initiative auf Total- oder Teilrevision von Verfassung und/oder von Gesetzen gekleidet werden. Für die schweizerische Bundesebene stünde gemäss Bundesverfassung einzig die Verfassungsinitiative zur Verfügung,[96] in den Kantonen könnte auch die Gesetzesinitiative eine gewisse Rolle spielen.[97]

So prioritär die Meinungsfreiheit für das Heranwachsen des Grundkonsenses ist, so bedeutsam ist schlussendlich die offene Gesellschaft mit ihren Strukturierungschancen für das Diskutieren und integrierende Formen des Grundkonsenses und dessen Geltendmachung gegenüber den Organen der Gesetzgebung: Die offene Gesellschaft und die freie Meinungsäusserung gegenüber Regierung, Parlament und gegenüber dem Gesetzgeber als solchem bilden die massgebenden Ecksteine des Grundkonsenses. Insgesamt wird sogar die rechtsstaatliche, demokratische Verfassung zur Basis des Aufblühens des Grundkonsenses, der sich

---

95 Art. 33 BV.
96 Art. 192 ff. BV.
97 Siehe *Auer Andreas*, Staatsrecht der schweizerischen Kantone, Bern 2016.

den innersten Anforderungen des Grundsätzlichen zuwendet und auf dessen anhaltende Umsetzung insistiert:

Der Grundkonsens als Auftrag an den Gesetzgeber, als Aufforderung an die Politik, auf das Grundsätzliche des Rechts und der Rechtsordnung in der Gegenwart zu achten, und als Vermächtnis an die Zukunft, am Wesentlichen der Demokratie, des Rechtsstaates und des nationalen Zusammenhalts festzuhalten.

XIII. Erkenntnisgewinn

Die Diskussion um den politischen Grundkonsens und dessen Einfluss auf die Politik, konkret auf Verfassungs- und die einfache Gesetzgebung, lässt sich nur sinnvoll führen, wenn man sich a) mit der Funktion der Verfassung befasst und wenn man sich b) zusätzlich die Frage stellt, was der Verfassungsgesetzgeber vorgekehrt haben müsste, um sich mit dem mittragenden Grundkonsens auseinandersetzen oder ihn sogar hoch zu achten, zu beachten, ihn geistig zu verinnerlichen.

Eins steht fest: *Die Verfassung ersetzt den Grundkonsens nicht und der Grundkonsens nicht die Verfassung.* Hinter jeder Verfassung steht also so etwas wie eine Vereinbarung, im Sinne eines vorausgesetzten contrat social oder eben eines real konkret werdenden, das Grundsätzliche hervorhebenden, Grundkonsenses von hoher Übereinstimmung. Beide müssen ernst genommen werden: Die Verfassung in ihrer Verbindlichkeit, der Grundkonsens aufgrund seines politischen Gehaltes. Nichts spricht dagegen, die Verfassung in ihrer «Unverbrüchlichkeit» konsequent zu beachten und den Grundkonsens, gerichtet auf das Elementare, das Grundsätzliche, als politische Herausforderung zu beleben, zu diskutieren, zu verdichten und gegenüber dem Gesetzgeber geltend zu machen.

Positiv formuliert: Die Rechtsordnung, die unter anderem aufgrund des Mehrheitsprinzips Konsens und Dissens erhellt, bedingt auf der Stufe der Verfassung einen überbrückenden Grundkonsens. Und dieser ruft nach einer den Rechtsfrieden stiftenden, die Freiheit eröffnenden und gewährleistenden sowie die Gerechtigkeit anstrebenden Rechtsordnung, geprägt und getragen durch die Verfassung – und den wegweisenden Grundkonsens. Das Geschehen rund um das Recht ist ein Prozess. Letztlich ein wiederkehrender Neuanfang und also eine Daueraufgabe für die Öffentlichkeit und die Politik.

Eine postulierte oder positivrechtlich verankerte oder gar eine naturrechtlich vorausgesetzte Verbindlichkeit des Grundkonsenses darf nicht angenommen werden, a) weil dieser kein Instrument der Verfassung und weil dessen Träger kein Verfassungsorgan ist, b) auch aufgrund der sogenannten fundamentalen Normen in der Verfassung nicht – beispielsweise die Grundrechte oder deren garantierte Wesenskerne –, zumal die Verfassungsnormen gemäss ihrer einheitlichen Geltung nicht in fundamentale und andere unterschieden werden dürfen. Es bleibt dabei: Der Grundkonsens ist ein Phänomen der Zivilgesellschaft, auch wenn er sich an den Verfassungs- oder an den einfachen Gesetzgeber adressiert – mit Nachdruck, und von diesen das Beachten einfordert.

Folglich steht es den Gesetzgebern frei, auf den geltend gemachten Grundkonsens einzutreten oder nicht, sich nicht auf ihn zu beziehen oder ihn sogar positiv zu würdigen. Aber der Grundkonsens kann oder könnte sich als derart naheliegend schlüssig und verfassungspolitisch hilfreich sowie für die Gesetzgebung geboten erweisen, was Anlass geben dürfte, ihn in das Erwägen und Beschliessen sogar positiv einzubeziehen – als Bereicherung für die Verfassung und die entsprechende Gesetzgebung.

Insofern ist es ein politischer Gewinn, wenn in der Öffentlichkeit der Zivilgesellschaft das Nachdenken über einen Grundkonsens immer wieder neu aufkommt, der Diskurs dazu anhält und eine hohe Zustimmung erzielt. Der Grad der Anerkennung in der Gesellschaft ist nötigenfalls empirisch zu klären, was nicht sehr einfach sein dürfte, weil das Geltendmachen eines Grundkonsenses kein alltägliches Geschäft ist.

Ohne politische Vordenker, gar ohne philosophische Anregungen und ohne Diskursforen wird sich das Einfangen eines Grundkonsenses in der Regel nicht ereignen. Es bedarf gleichsam helvetischer Gesellschaften, die sich dem Grundsätzlichen widmen und sich nicht scheuen, über den Grundkonsens in der Politik zu debattieren und auf jene übergreifenden Grundhaltungen hinzuwirken, die in der Vergangenheit diese ausmachten, in der Gegenwart gelebt werden und in die Zukunft hinein sich bewähren müssen. Nicht verhaftet in vorgefassten Meinungen oder Idealen respektive Ideologien, wohl aber verantwortungsbewusst am *Grundsätzlichen der Strukturen und der Inhalte staatlicher Gemeinschaft* orientiert.[98] Sollte dieses gefährdet sein, dann gilt: «Mut und Freiheit, das sind Gaben, die wir bitter nötig haben.»[99] Diese setzen allerdings eine politisch wache und erst noch geistreiche Welt des politischen Bewusstseins in breiten Kreisen der Öffentlichkeit voraus. Denn gute Politik bedingt Menschen, die politisch bewegt nicht irgendwelchen Zeitströmungen erliegen, sondern dem Grundsätzlichen gewogen sind.[100]

Wagen wir noch eine Schlussaussage: Der Grundkonsens kann in einer klassischen Demokratie, in einem gelebten Rechtsstaat als gegeben erachtet werden, aber nur dann, wenn dafür klare Anhaltspunkte auszumachen sind. Denn es bleibt dabei, dass die Staatsformen der rechtsstaatlichen Demokratie respektive des demokratischen Rechtsstaates als hochentwickelte nicht ungefährdet sind. Sie stellen qualifizierte Anforderungen. Umso nötiger ist es, der Grundkonsens zu pflegen.

***

---

98 Vgl. dazu *Villiger Kaspar*, Eine Willensnation muss wollen, Die politische Kultur der Schweiz, Zukunft oder Auslaufmodell, Zürich 2009. Eine wichtige Stütze der Nation bildet die Fähigkeit zu Positionsbezügen. Siehe dazu *Nef Robert*, Politische Grundbegriffe, Zürich 2002. Ferner: *Linder Wolf*, Sean Müller, Schweizerische Demokratie, Institutionen, Prozesse, Perspektiven, 4. A., Bern 2017. Aufschlussreich sodann *Koller Arnold*, Aus der Werkstatt eines Bundesrates, Bern 2014. Dieser vierte Titel ist deshalb wichtig, weil er einen Einblick in das Werden der Bundesverfassung von 1999 vermittelt. In keinem dieser Werke ist explizit vom Grundkonsens die Rede, was auch richtig ist, weil das Werden dieses geistigen Konzentrates ein vielfältiges Engagement voraussetzt. Darin sind sich diese Texte einig. Mit diesen Hinweisen soll aber verdeutlicht sein, dass um das Elementare und Grundsätzliche von Demokratie, Rechtsstaat und Zusammenhalt gerungen wird. Die Bedeutung des Grundsätzlichen wird übrigens von Zaccaria Giacometti in seinem Vorwort zum «Schweizerischen Bundesstaatsrecht» hervorgehoben, und zwar für die Rechtspraxis und das juristische Denken. Er spricht dort vom Grundsatz der grundsätzlichen Grundsätzlichkeit und er äussert sogar: «Das verfassungsrechtliche Denken wie das juristische Denken überhaupt ist aber grundsätzliches Denken» (in: *Fleiner Fritz, Giacometti Zaccaria*, Schweizerisches Bundesstaatsrecht, Zürich 1949, Vorwort, S. IX).
99 Aus einem Tauflied des Evangelisch-Reformierten Gesangbuches der Schweiz, Lied Nr. 182, Strophe 2.
100 *Ackermann Josef*, Das Land braucht einen Konsens, Schweizerische Monatshefte, Ausgabe 1025, Zürich 2015. Der Verfasser erhofft sich einen Diskurs zur Pflege der Konkordanz und Konsensbereitschaft, zu Problemlösungen in politischen Prozessen und zur Rolle der sozialen Kohäsion.

Hier folgt noch der Versuch einer Beschreibung des Grundkonsenses, seiner Funktionen und seiner Bedingungen:

Die Öffentlichkeit muss sich bewusst sein: Sie ist für den politischen Grundkonsens verantwortlich. Dieser stärkt Demokratie, Rechtsstaat und die Kohäsion eines Landes und bemüht sich, bestehende Spannungsfelder und innere Schwächen der Verfassung und der einfachen Gesetzgebung ausgleichend mitzutragen und den erforderlichen Novellierungen entgegenzuführen, verbunden mit der Vorgabe, Demokratie und Rechtsstaat sowie Kohäsion als bleibende Grundanliegen der Verfassung und der Rechtsordnung insgesamt etabliert zu wissen.

Der Grundkonsens unterfängt auf Zeit oder längerfristig verbleibende politische Defizite, bemüht sich um deren Beheben oder Milderung und akzeptiert die wechselnden Mehrheitsverhältnisse als Ausdruck des politischen Geschehens.

Der Grundkonsens muss als «Grund-Konsens» darauf verzichten, das konkrete politische Gestalten vorwegzunehmen. Er beschränkt sich auf das Grundsätzliche, das Elementare und überlässt das Gestalten der Politik sowie den gewählten und zuständigen Staatsorganen in ihrer demokratischen rechtsstaatlichen Ausrichtung.

Der Grundkonsens adressiert sich an den Gesetzgeber, primär an den Verfassungsgesetzgeber. Er wächst aus der Freiheit und Würde der Menschen durch Diskurs in der Zivilgesellschaft heran und besteht darauf, dass Demokratie, Rechtsstaat und Zusammenhalt im Volk über Generationen von Verfassung zu Verfassung erhalten bleiben. Aus dem Diskurs zu dieser Haltung kann auch der Legitimitätsgehalt des Staatlichen in seinen Grenzen gesteigert werden. Der Grad der Verankerung des Grundkonsenses in der Gesellschaft muss erheblich sein (und ist nötigenfalls wissenschaftlich zu ermitteln).

Entscheidend für die Qualität des Grundkonsenses ist das Doppel a) seiner innersten Ausrichtung auf das Grundsätzliche staatlicher Gemeinschaft und b) seines damit einhergehenden politischen feu sacré – nicht als Formulierung, sondern als bewegendes Kernanliegen aus dem Bewusst-

Erkenntnisgewinn

sein oder dem Unterbewusstsein heraus als Schritt in eine offene und doch begrenzenden Zukunft, getragen von einer sich entwickelnden Rechtsordnung zugunsten der offenen Gesellschaft.

Zum Autor

Martin Lendi, Prof. Dr. iur. Dr. h.c., Rechtsanwalt, geb. 23.9.1933, aufgewachsen in St. Gallen, studierte Rechtswissenschaft an Universität Zürich, war von 1961 bis 1969 Departementssekretär des Baudepartementes des Kantons St. Gallen und von 1969 bis 1998 Professor für Rechtswissenschaft an der ETH Zürich. Vorlesungen hielt er zum Staats- und Verwaltungsrecht, zum Raumplanungs-, Verkehrs-, Umwelt- und Siedlungswasserwirtschaftsrecht, zur Planung als Auseinandersetzung mit der Zukunft, ferner zum Militärrecht sowie zum Recht der Sicherheitspolitik. Er war Mitglied zahlreicher Experten- und beratender Kommissionen des Bundes und verschiedener wissenschaftlicher Gremien und Akademien im In- und Ausland.